本书系辽宁省社会科学规划基金项目“构建辽宁‘抓前端、治未病’社会矛盾化解机制研究”（L24CGL041）的研究成果

中国地方政府数据开放的现状、路径与案例

李思宇 / 著

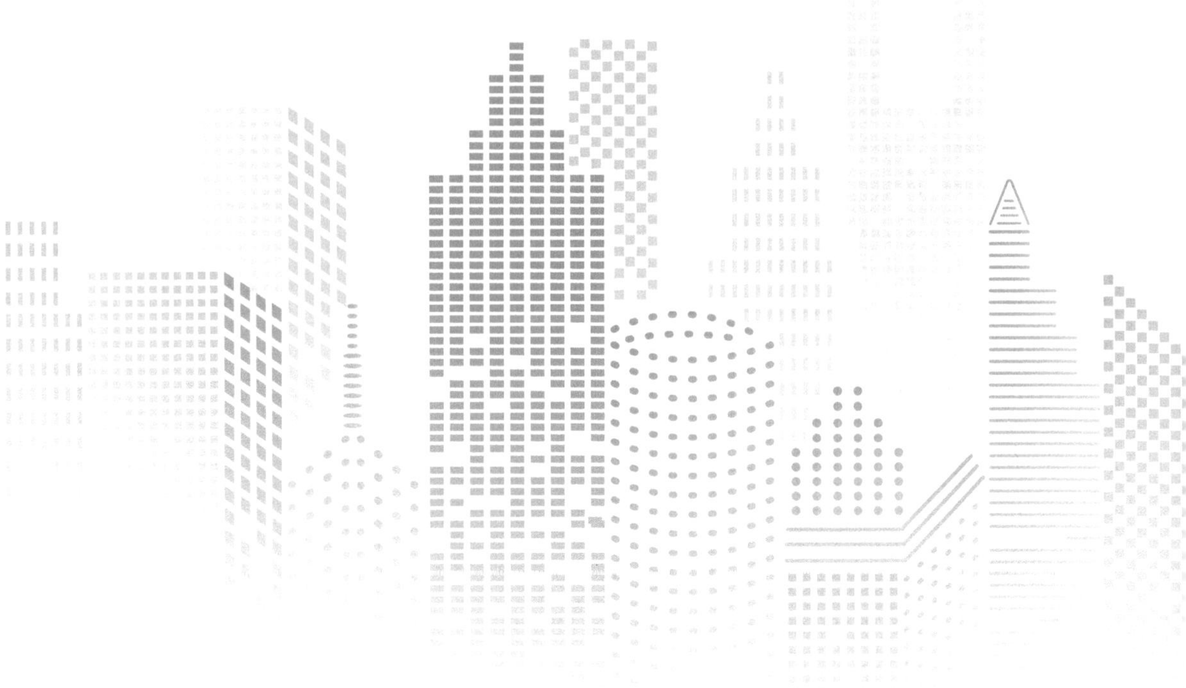

中共中央党校出版社

图书在版编目（CIP）数据

中国地方政府数据开放的现状、路径与案例 / 李思宇著 .-- 北京：中共中央党校出版社，2024.11

ISBN 978-7-5035-7726-0

Ⅰ . ①中… Ⅱ . ①李… Ⅲ . ①地方政府—信息管理—研究—中国 Ⅳ . ① D625

中国国家版本馆 CIP 数据核字（2024）第 101190 号

中国地方政府数据开放的现状、路径与案例

策划统筹 任丽娜
责任编辑 马琳婷 桑月月
责任印制 陈梦楠
责任校对 马 晶
出版发行 中共中央党校出版社
地　　址 北京市海淀区长春桥路 6 号
电　　话 （010）68922815（总编室） （010）68922233（发行部）
传　　真 （010）68922814
经　　销 全国新华书店
印　　刷 中煤（北京）印务有限公司
开　　本 710 毫米 ×1000 毫米 1/16
字　　数 202 千字
印　　张 16.5
版　　次 2024 年 11 月第 1 版 2024 年 11 月第 1 次印刷
定　　价 52.00 元

微信 ID：中共中央党校出版社 **邮　　箱**：zydxcbs2018@163.com

前言

PREFACE

本书探讨的核心问题是：地方政府数据开放绩效的提升机制如何？具体而言，研究问题包括以下子问题：哪些因素影响地方政府数据开放绩效？什么样的因素组合可以产生地方政府数据开放的高绩效？各影响因素如何作用于政府数据开放绩效？本书基于开放政府理论，构建起包含行政要素、市场要素、社会要素三个维度的分析框架。首先，运用定性比较分析方法，以我国24个省级政府为样本进行组态分析，探索政府数据开放绩效的关键影响因素和高绩效组态路径。其次，在上述基础上运用案例分析法，深入剖析四种组态路径下四个典型案例的特征、发展过程和关键要素的作用机制。最后，基于组态分析和案例分析结果，提炼出中国地方政府数据开放绩效的提升机制，为基础要素存在差异的地方政府如何提升数据开放绩效提供思路。

本书主要包含六个部分：

绪论展示研究背景，简要梳理并评述与本研究相关的国内外主要研究成果，介绍本书的结构安排等。

第一章主要包括研究对象、理论基础和分析框架三个部分。第一节对政府数据开放的相关概念进行界定。第二节介绍本书的理论基础。第三节提出包含行政要素、市场要素、社会要素三个维度的分析框架。

第二章对中国地方政府数据开放整体绩效进行概述，对各地在开放数据情况、数据利用情况等维度的表现以及各维度表现突出的地方政府进行总结。

第三章运用定性比较分析法，以24个省级政府为样本，对政府数据开放绩效进行组态分析，得出地方政府数据开放绩效的关键影响因素和高绩效的四种组态路径。

第四章基于组态分析结果，选取四种组态路径下的四个典型案例进行深度分析，探究四个地区政府数据开放的特征、发展历程、关键影响因素及作用机制，以增强对因果关系的解释力。

第五章基于组态分析和案例分析结果，总结提炼地方政府数据开放绩效的提升机制，为我国资源基础不同的地方政府如何因地制宜推动数据开放绩效提升提供思路。

本书的研究意义是：

在研究对象方面，本书对我国已上线数据开放平台的24个省级政府的最新数据开放进展进行研究，是对中国地方政府数据开放最近实践的及时理论回应。本书探究了资源基础存在明显差异的地区取得数据开放高绩效的不同路径和共性规律，提炼出地方政府数据开放绩效的提升机制，能够为资源基础不同的地区如何因地制宜进行路径选择、提高数据开放绩效提供思路，具有理论和实践意义。

在研究方法方面，本书将定性比较分析方法与案例研究方法相结合，通过跨案例比较研究和对典型案例的深入分析，既为探究政府数据开放绩效的影响因素及高绩效组态路径提供了充足的客观数据支撑，同时避免了单个案例研究容易出现的代表性不足和结论碎片化等弊端。基于组态分析和案例分析结果，提炼出地方政府数据开放绩效的提升机制。两种方法在剖析复杂现象、追求因果机制上具有较强互补性，增强了理论解释力。

目录
CONTENTS

绪　论 1

第一章　研究对象与分析框架 13

第一节　研究对象 14
第二节　理论基础：开放政府理论 31
第三节　分析框架 38

第二章　中国地方政府数据开放绩效概述 43

第一节　中国地方政府数据开放整体情况 44
第二节　地方政府开放数据情况 48
第三节　地方政府数据利用情况 52

第三章　地方政府数据开放绩效影响因素及条件组态分析 57

第一节　样本选取和变量设计 58
第二节　数据分析与实证结果 66

第四章　政府数据开放高绩效典型案例分析 73

第一节　综合驱动型——以上海市为例 75
第二节　产业驱动型——以贵州省为例 108
第三节　行政驱动型——以江西省为例 127
第四节　社会驱动型——以广西壮族自治区为例 139

第五章　政府数据开放高绩效的实现路径与基本规律 157

第一节　实现路径的差异性：单点突破或综合驱动 158
第二节　基本规律的一致性：识别和培育关键驱动要素以形成动态能力 165
第三节　政府数据开放的演进方向：从合作生产到价值共创 192

结　论 199

附　录 209

参考文献 226

P.

绪论

- 研究背景
- 研究综述
- 结构安排

一、研究背景

在中央政策和数据资源巨大潜力的激励下，我国各地方政府积极加入数据开放的实践探索。目前地方政府数据开放绩效差异显著，总体呈现出东部地区率先发展，中西部地区积极追赶的现状。同时，部分地区在经济基础、科技水平、社会环境等方面存在明显差异，但均取得了较高的政府数据开放绩效。因此，本书对地方政府数据开放绩效的影响因素和提升机制进行探究，分析其内在作用机理，为中国地方政府数据开放绩效提升提供思路。

从研究背景来看，数据开放已成为世界范围内开放政府建设的重要目标。近年来，全球多个国家和地区制定政府数据开放战略，以推动政府改革、发掘公共资源价值、激励社会创新为核心目标。2009年，美国颁布《透明与开放政府备忘录》，以透明、协作、互动为开放原则。随后，美国建成数据门户网站并颁布《开放政府指令》[①]，推动了世界各国开放政府数据的浪潮。2011年，美国、英国、印度尼西亚、巴西等8国成立开放政府合作伙伴组织，签署《开放数据声明》以及《开放数据宪章》，提出联合规划行动方案，依据宪章规定和技术规范开放各国政府数据。[②]

中国政府数据开放在近年取得重要进展。国家层面对政府数据开放进行了战略规划和引导。在总体规划方面，《2015年政府信息公开工作要点》首次提出将政府数据公开作为政府信息公开工作的拓展。[③]

---

① 高大伟：《英、美、日政府开放数据的实践及启示》，《图书情报导刊期刊》2017年第10期。

② 魏颖昊、肖扬文、张亚楠：《从法律层面看政府开放数据的新进展》，《办公自动化》2017年第24期。

③ 国务院办公厅：《2015年政府信息公开工作要点》，2015年4月3日。

《促进大数据发展行动纲要》从国家层面正式提出“政府数据开放共享”，并对建设开放平台、整合数据资源提出了要求。①

在推动数据开发利用方面，2016年《国家信息化发展战略纲要》对推动公共信息资源价值挖掘，引导市场主体充分开发公共信息资源做出了规划。②2018年《公共信息资源开放试点工作方案》要求在北京、上海等五个地区建设试点。该方案将实现数据价值、推动创新应用为目标，提出信息资源开放对于推动经济增长和国家治理现代化的关键性作用③，为我国其他地区的后续建设提供了重要经验。2020年《关于构建更加完善的要素市场化配置体制机制的意见》将政府数据开放共享列为培育数据要素市场的三大要点之首。首次将数据作为新生产要素，提出培育数据要素市场，强化数据安全和权益保护，推动数据资源红利实现的目标。④

在中央政策的引导下，我国各地方政府启动数据开放建设进程，在法规政策、组织体系、运行机制等方面进行创新。2012年，上海市建成中国第一个政府数据开放平台，同年北京市政府数据资源网上线。此后，浙江、广州等地方政府数据开放平台建成。目前我国地方政府数据开放平台数量逐年增加，东南沿海等经济较发达地区平台最为密集。

现阶段，我国省级和市级地方政府是数据开放平台的建设主体。截至2022年10月，我国208个省级和市级地方政府上线了政府数据开

---

① 国务院：《促进大数据发展行动纲要》，2015年8月31日。

② 参见中共中央办公厅、国务院办公厅：《国家信息化发展战略纲要》，人民出版社2016年版。

③ 中央网信办、发展改革委、工业和信息化部：《公共信息资源开放试点工作方案》，2018年1月5日。

④ 中共中央、国务院：《关于构建更加完善的要素市场化配置体制机制的意见》，2020年3月30日。

放平台。目前，我国地方政府数据开放绩效差异显著，总体而言东部地区综合绩效相对领先，中西部地区起步稍晚但积极追赶，贵州等地表现突出。同时，部分地区在经济基础、科技水平、社会基础等方面存在明显差异，但均取得了较高的政府数据开放绩效。我国各地方政府在基础要素和发展阶段上存在巨大差异，因此地方政府需要分析影响数据开放绩效的关键因素及生成机制，结合本区的特征和需求选择适用的实践路径。本书对地方政府数据开放绩效的影响因素和生成机制进行探究，为地方政府数据开放绩效提升提供思路。

本书以省级政府为研究对象的原因有以下两点。第一，从行政层级上看，省级政府是省内最高行政主体，作为连接中央政府和省内地市级政府的通道，在统筹规划全省政府数据开放进程中发挥承上启下的核心功能。市级政府隶属于省级政府，且省级政府在数据资源拥有量、决策能力、组织实施、财政资源上更有保障，因省级政府数据开放平台建立时间通常早于地级政府，所以省级政府的数据开放规划、政策能够指导地级政府展开工作。省级政府在数据开放工作上的职责不仅限于省本级，还包括对省内下辖地市的赋能、规范和协调，例如，制定省级法规和标准，统筹推进省内下辖地市开放优质数据集，促进省市平台间的互联互通，组织全省性的数据利用促进活动等。第二，基于资料丰富性和可得性，省级政府数据开放时间通常早于地市级政府，可供查阅的资料更加丰富和全面，可以更好地支撑本书的研究。

二、研究综述

（一）政府数据开放绩效影响因素研究综述

国内外学者围绕这一问题形成了较多研究成果。研究的理论基础主要有资源依赖理论、创新扩散理论、激励理论、生态系统理论等。已有研究对影响因素的探析包括单要素以及多要素分析。对单要素进行探究的文献多从政策法规、组织体制、技术水平、外部环境等因素切入，深入分析各类内、外部因素对政府数据开放绩效的影响。其中技术、环境等因素属于客观外部因素，这类外部因素独立于政府本身，属于无法在短期内通过行为选择进行改变的因素。政策、组织等因素属于内部因素和主观可控条件，是政府自身可以进行变更和调整的。多要素分析认为，政府数据开放是一个复杂活动，影响其绩效的因素多元且相互关联。学者建立了不同的分析框架，揭示各类内外部因素如何协同作用于数据开放绩效。

1. 内部因素

（1）制度和政策。

对政策因素进行探究的理论基础来源于以简·芳汀为代表的制度主义学派，提出“技术执行”分析框架，认为技术与制度存在因果联系，互为自变量和因变量。①此外，罗伯特等人基于制度逻辑观，指出政策和规范等可以对组织认知和活动产生影响，组织的活动方式也会同时作用于制度结构。②这一思路对宏观制度与微观行为进行联动考察，提供了分析制度框架与组织行动关系的基本思路。

在此基础上，许多学者从制度和政策视角对政府数据开放的动机和绩效等进行研究。从政府权力角度，出台和完善相关法律政策、组建专业机构履行数据开放管理职责可以对数据开放实际效果产生影响。相关法规政策需要对数据开放的主体职责、发展目标、管理体系等方

① 参见〔美〕简·芳汀著，邵国松译：《构建虚拟政府：信息技术与制度创新》，中国人民大学出版社 2010 年版。

② 杜运周、尤树洋：《制度逻辑与制度多元性研究前沿探析与未来研究展望》，《外国经济与管理》2013 年第 12 期。

面进行明确规定，另外需要政府推动其有效执行，以保障数据开放工作有序推进。相关文献指出法律法规和政策制定是保障政府数据开放合法有序推行的关键，是行政机构首要考虑的内容。国内外学者主要从立法基础、政策安排等角度对政策性因素进行了分析。

在此基础上，国内学者结合中国地方政府数据开放实践和地区差异，对政策因素及其作用机制进行分析，指出地方政府需要具体的政策规则推动部门间协同，进而解决各种实际问题，保障数据开放效率。王法硕指出，技术发展水平、组织与管理、经济状况、制度建设等因素均会影响地方政府数据开放效果，其中制度因素最为重要和关键。[①]谭必勇以我国15个副省级城市为研究对象，通过文本分析整理和比较其数据开放政策在数据平台建设、开发与应用、安全防护、科技人才培训等维度的具体内容，考察其现实影响。[②]何渊分析了数据开放法律框架的构建所涉及的政府与市场、中央与地方、国家与社会的关系，据此认为上述关系对实践效果产生重要影响。[③]张涛采用文本分析和规范分析方法，对比我国9个地方政府的数据政策，指出数据开放政策体系应包含机构设置、法规制定和标准规则，保证实践工作持续推进。[④]白献阳指出，数据开放政策框架应由总体性政策、专业性政策、保障性政策组成，对数据开放平台建设和利用水平发挥作用。[⑤]

① 王法硕：《我国地方政府数据开放绩效的影响因素：基于定性比较分析的研究》，《情报理论与实践》2019年第6期。

② 谭必勇、刘芮：《我国地方政府开放数据政策研究：以15个副省级城市为例》，《情报理论与实践》2018年第11期。

③ 何渊：《政府数据开放的整体法律框架》，《行政法学研究》2017年第6期。

④ 张涛：《开放政府数据法制化的地方实践与制度完善——以浙江等9个省市为分析样本》，《贵州大学学报（社会科学版）》2019年第5期。

⑤ 白献阳、孙梦皎、安小米：《大数据环境下我国政府数据开放政策体系研究》，《图书馆学研究》2018年第24期。

（2）组织因素。

学者对组织因素的分析受到斯隆学派观点影响，认为在整体社会环境的作用下，技术与组织间存在互动关系。技术的变迁可以使组织结构发生重大变化，组织变革同样会深刻影响技术变迁轨迹和技术形态。[①]斯科特指出，技术因素和组织因素彼此关联、相互塑造，在变动和调整过程中对组织绩效产生重要影响。[②]组织和技术的互动关系表现为，组织塑造技术形态和系统，使技术具有实际意义。组织要素中关于成员安排、任务分配、结构调整的布局和设计，以及组织内部存续的价值准则、习惯与文化、官僚思维等问题均决定技术能否被采纳。[③]

组织要素的完善可以明确各机构职权范围，协调各主体关系，实现数据开放管理的体系化[④]，通过部门之间实现统合与协同来突破“数据烟囱”和“数据孤岛”。[⑤]政府部门是数据的保存者和开放者，承担数据整合、开放、维护等重要工作。无论是国家层面还是地方层面，组织要素的完善有助于协调机制、问责机制的建立，对数据开放实际效果有重要影响。组织视角的研究涉及政府组织结构、组织文化和兼容性、组织领导人、数据管理机构设置等方面。

2.外部因素

（1）环境因素。

对环境因素的分析与塞尔兹尼克关于组织制度化的理论探讨相

① Ines Mergel，Kevin Desouza，“Implementing Open Innovation in the Public Sector：The Case of Challenge. gov”，*Public Management Review*，Vol.73，No.6，2013，pp.882–890.

② 参见〔美〕理查德·斯科特、杰拉尔德·F. 戴维斯著，高俊山译：《组织理论——理性、自然与开放系统的视角》，中国人民大学出版社 2011 年版。

③ 参见〔美〕简·芳汀著，邵国松译：《构建虚拟政府：信息技术与制度创新》，中国人民大学出版社 2004 年版。

④ 孙彩红：《协同治理视域下政府资源整合与组织能力分析——以新冠肺炎疫情防控为例》，《四川大学学报（哲学社会科学版）》2020 年第 4 期。

⑤ 邓念国：《体制障碍抑或激励缺失：公共服务大数据共享的阻滞因素及其消解》，《理论与改革》2017 年第 4 期。

关。他提出组织是社会构成的一部分，组织制度化的实现需要以组织适应外部环境变化，进行内部调整和行为选择为基础。[①]对政府数据开放环境因素的探究源自政治系统理论提出的外部环境因素与政治系统存在各种类型的互动关系[②]，受此启发，政府数据开放作为一种政策输出，环境的变动和反馈也会塑造并影响政府数据开放。环境视角的研究多与经典发展理论所强调的发展规律一脉相承，比如良好的政治环境、开放的经济环境、积极的社会环境等在地区发展方面起着决定性作用，外部环境会对各主体行动及其效果产生明显影响。学者对环境因素的探讨包括经济环境、社会环境、外部政治压力环境等。

（2）技术因素。

政府数据开放过程中数据生成、采集、存储、处理、开放、开发与利用等环节都要求先进的技术作为基础支撑。开放政府数据、构筑智能时代的公共数据基础设施，对技术要素提出了更高要求。学者指出，政府数据开放中的技术因素包含数据系统的各类技术手段，以及技术与平台的适配性等。公民基于用户视角对数据开放平台的差异化评价将对其满意度和感知度产生影响，并可能影响其对政府提供服务意愿和能力的认可。[③]关于技术因素的研究认为，数据技术基础、信息系统及平台的易用性和可靠性等都影响着政府数据开放效果。数据可用性偏低、内容更新缓慢、交互性差和服务不足等问题均会影响政府数据开放绩效。

① Philip Selznik, "Foundations of the Theory of Organization", *American Social Review*, Vol.13, No.1, 1948, pp.25-29.

② 参见〔美〕戴维·伊斯顿著，王浦劬译:《政治生活的系统分析》，华夏出版社1999年版。

③ Kyu Nahm Jun, Feng Wang, Dapeng Wang, "E-Government Use and Perceived Government Transparency and Service Capacity", *Public Performance & Management Review*, Vol.38, No.1, 2014, pp.125-151.

3.综合因素

从综合因素角度分析的学者认为，政府数据开放是一个复杂活动，影响其绩效的因素是多元的，且各因素间相互关联和作用。学者的分析框架包括TOE框架、生态系统理论框架等，用于分析政府内、外部的多重影响因素；也有学者运用定性比较分析方法，探索政府数据开放绩效的影响因素及要素组合路径。

国外研究中，以道斯为代表的学者较早提出，政府数据开放是一个艰难且漫长的过程，涉及工作流程重组和组织巨变，因而受到多重因素的交互影响。其他研究进一步从利益主体、管理机制、技术基础、社会环境等整合视角对影响因素进行讨论。

国内研究方面，我国学者选用解释结构模型、TOE框架、政治—经济—社会三要素框架以及生态系统理论框架等不同分析框架或模型，通过对中国地方政府数据开放的实践考察，提出政府数据开放受到多重因素影响。

（二）已有研究评述

数据开放领域的既有研究体现了对于政府数据开放认识的逐步深化，政府数据开放实际效能的评估和提升成为学界的研究重点。已有研究对政府数据开放的价值、困境、策略的分析为从多层次理解和探析政府数据开放绩效的影响因素提供了重要的理论基础。目前关于数据开放绩效的影响因素的研究侧重对技术、制度、组织、环境等因素的分析，以及这些要素之间相互作用关系的探讨。学者多从考察政府数据开放绩效的促进或障碍因素出发，总结实践中的成果和问题，通过归纳影响因素，解释其绩效差异的成因。相关研究的关注点逐渐从聚焦技术向聚焦管理转变，指出政府数据开放绩效不仅受技术水平影响，更面临管理体制改革、法规制度建设、内外部环境等影响，并与政府数据管理实践工作相结合，关注具体问题解决，在研究方法和视角上进行创新，进行跨学科研究。

总体来看，关于政府数据开放绩效影响因素的研究日益受到学界关注，创新性学术成果涌现。已有研究多从资源与能力视角、政府内外部视角等分析政府数据开放绩效的影响因素，常见的各种主客观因素均已纳入了研究范畴，成为后续研究的重要基础。其中技术、环境等因素属于客观禀赋条件，这类客观条件独立于政府本身，属于无法在短期内通过行为选择进行改变的因素。政策、组织等因素属于主观可控条件，是政府自身可以进行变更和调整的。整合性因素提出，各种因素对政府数据开放绩效的影响互相关联和依赖，经过联动匹配共同作用于实践。对多要素协同作用关系的考察提高了对于数据开放复杂实践活动的解释力，为本书提供了重要思路。

现有研究存在的不足体现在以下方面：第一，分析考察的影响因素数量很多，但并未形成一致性的解释框架。研究方法较为多样，包括案例研究、扎根访谈、比较研究、回归分析、组态分析等，各研究得出的结论存在较大差异。对技术、组织、政策、环境等单一因素的研究通常强调某一方面，缺少对多重要素之间联动匹配的细致考察。在整合性因素的研究中，多重影响因素发挥作用的相对重要性少有涉及，对于各类影响因素如何联动匹配作用于政府数据开放绩效的研究有待深入。

第二，通过梳理国内关于中国地方政府数据开放的研究发现，已有研究分析了我国地方政府数据开放绩效的推动或阻碍因素，但现有理论研究有待进一步深化。其一，在研究内容上，关于中国地方政府数据开放实践的研究中，多数相关研究将不同行政层级的地方政府数据开放进行合并研究，较少讨论省级政府承上启下关键性作用的发挥以及与市级政府相比较的差异性。其二，近年来部分学者采用定性比较分析方式对我国多个地方政府数据开放绩效进行组态分析，得出高绩效的各类条件组态。虽然能够使研究者超越个案的特殊性和偶然性，通过多案例分析和考察得出更具普遍性的结论，但与纵向案例研究相比，在深入探究典型案例在不同发展阶段的具体特征、行为方式和因果机制方面存在不足。后续研究需要加强对于典型案例的深度分析和比较，深入挖掘影响因素与政府数据开放绩效之间的动态作用机制，为其他地区提供更具操作性的建议。

中国的政治体制和制度文化与其他国家相比存在差异，政府数据开放绩效的影响因素、作用逻辑和提升机制有待结合地方实践进行进一步探究。省级政府数据开放发挥关键的承上启下作用，具有区别于其他行政层级政府的异质性。因此本书以省级政府为研究对象，探究省级政府在不同的客观基础性要素条件下，哪些影响因素对其绩效发挥了关键性影响，不同的影响因素组合如何协同作用于数据开放绩效。

三、结构安排

本书基于开放政府理论，从行政要素、市场要素与社会要素三个维度构建分析框架。本书运用定性比较分析地方政府数据开放绩效的影响因素和高绩效组态路径，并运用案例研究方法对典型案例的特征、发展过程和关键要素的作用机制进行深入分析和比较。最后根据组态分析和案例分析结果，提炼出地方政府数据开放绩效的提升机制，为我国资源基础存在明显差异的地方政府如何提升数据开放绩效提供思路。

本书主要包含六个部分：

绪论展示研究背景，简要梳理并评述与本研究相关的国内外主要研究成果，介绍本书的结构安排。

第一章对研究对象进行概念界定和辨析，基于开放政府理论，提出包含行政要素、市场要素、社会要素三个维度的分析框架。

第二章对中国地方政府数据开放整体绩效进行概述，对各地在开放数据情况、数据利用情况等维度的表现以及各维度表现突出的地方政府进行总结。

第三章运用定性比较分析法，以24个省级政府为样本，对政府数据开放绩效进行组态分析，得出地方政府数据开放绩效的关键影响因素和高绩效的四种组态路径。

第四章基于组态分析结果，选取四种组态路径下的四个典型案例进行深度分析，探究四个地区政府数据开放的特征、发展历程、关键影响因素及作用机制。

第五章基于组态分析和案例分析结果，总结提炼地方政府数据开放绩效的提升机制，为我国资源基础不同的地方政府如何因地制宜推动数据开放绩效提升提供思路。

1

第 一 章

研究对象与分析框架

- 研究对象
- 理论基础：开放政府理论
- 分析框架

本章主要包括研究对象、理论基础和分析框架三个部分。第一节对政府数据开放的相关概念进行界定。第二节介绍本书的理论基础即开放政府理论的起源、内涵和与政府数据开放的契合性。第三节基于开放政府理论，结合政府数据开放活动的环节和特征，提出包含行政要素、市场要素、社会要素三个维度的分析框架。

第一节　研究对象

本节主要对研究对象及相关概念进行界定，包括政府数据的含义和属性，政府数据开放的概念、内涵和价值，与相关概念进行对比和辨析，对政府数据开放绩效的具体含义进行阐释。

一、政府数据

（一）政府数据的含义

对于政府数据，开放知识基金会将其界定为“政府及由其控制的实体机构在生产或委托过程中产生的数据或信息”。[①]具体而言，政府数据即行政机构及受其控制的实体机构生成、发布、采集、存储、交换、委托所形成的全部数据和信息的集合。政府作为收集并保存全体公民社会生产活动中产生的全部数据集合的主体，大约掌握全部数据

① 张涵、王忠：《国外政府开放数据的比较研究》，《情报杂志》2015 年第 8 期。

总量的80%。[①]

国内外诸多研究人员对政府数据进行了数据主体角度、数据角度及功能角度等方向的概念阐述。（1）数据主体角度。通过其定义我们可以认为，政府数据是与学校、医院、图书馆、企业及社会团体等非政府组织的数据相区别的，由政府作为主体的各项活动产生和拥有的数据集合。既包括数据资源本身，还包括数据采集、保存、分类、开放、传递、维护、利用等过程中所需的人员、设施等相关资源。（2）数据角度。数据有广义与狭义之分，与之相对应，政府数据也是如此。广义上的政府数据涵盖了各级政府部门在公共管理活动中各方面与环节上所产生和使用的数据以及其他各种要素，是政府部门在公共管理活动中涉及的全部要素的集合。狭义上的政府数据指政府在履行法定职责、管理公共事务活动中形成的数据集合。（3）功能角度。政府数据涉及国家经济建设、政治运行、社会文化等多个领域，其来源是政府部门为履行自己法定职责所进行的公共管理活动中收集、处理、分类、总结的数据资源，具有比一般数据资源更高的质量及可信度。

（二）政府数据的属性

政府数据是从庞大的社会个体的信息及其产生的数据集合中产生的，由政府部门对这些信息和数据进行收集、分类、归纳和整理的产物。由于政府数据的搜集主体为具有公共权力的政府部门，其数据来源为社会个体信息和数据的集合，所以政府数据具有典型的公共物品属性。虽然每个社会个体的信息属于私有信息，具有私有属性，但是政府数据是在法律允许范围内，政府部门在履行自己的法定职责过程中收集与整理的私有信息，是将零散的、无序的私有信息进行归纳总

① 迪莉娅:《“反公地悲剧”视角下的政府数据开放研究》,《情报理论与实践》2016年第7期。

结的产物。即便在此过程中依然有可能存在一些具有私有属性的信息和数据，政府也会将这些信息和数据进行去私有属性处理。仅在法定范围内且行政部门为满足必要的、特定的行政行为目标时，才可以从政府数据中提取出具体的社会个体的私有信息。政府数据资源集合由每个社会成员让渡其私有数据而形成，因此服务对象及受益者也应是全体社会成员。[①]

公共物品的概念由经济学家萨缪尔森提出，以非排他性和非竞争性为特征。相对应于私人物品或私人服务，非排他性指部分成员购买或使用某一物品不会对其他成员对同一物品的购买和使用产生排斥；非竞争性指一些成员购买此物品并不会限制其供应给其他成员购买。按照以上标准，政府数据与教育、环保等产品存在相似性。政府数据同样具备上述两种特性，表现为政府数据不能被特定的某个个体或组织所占有，每一个社会个体或组织都可以分享和使用，而且一部分社会个体或组织在使用政府数据获得利益的同时，并不会影响或阻碍其他社会个体或组织使用政府数据或从中获益，这是政府数据非排他性和非竞争性的主要体现。政府数据不会因开放或使用而减少，反而会随着其开放程度和使用频率的增加而激发出更多的数据信息，边际效益将逐渐递增。

另外，政府数据以满足公共需求为目标，体现了其作为公共产品的本质属性。信息化时代，社会公众对政府数据开放和利用的需求日益提升。了解和回应社会需求、优化公共物品供给、改进公共服务，是政府应尽之责。政府数据开放将带来重要的现实价值，如提高政府透明度，提高公共资源的配置效率和利用成果，促进社会参与，实现社会、企业与政府之间的有效合作等。

---

① 迪莉娅：《“反公地悲剧”视角下的政府数据开放研究》，《情报理论与实践》2016年第7期。

政府数据要在法律允许的范围内，在不损害个人及集体利益的前提下免费向社会公众开放。将原本取之于社会大众的数据为社会大众所用，使其能够对政府数据进行使用和开发。随着社会大众对公共产品需求的变迁，政府数据开放逐渐兴起。这种需求变迁推动了“政府全权负责”的旧的公共产品供给体系改革，将市场主体和社会主体纳入公共产品供给体系，帮助政府部门在新的公共产品供给体系中明确自己的职责及功能，并以此为基础推动政府部门的改革，在公共产品供给过程中建立政府、市场、社会的协作链条。

数据是经济价值创造活动中不可或缺的要素，实现数据开放共享对于培育数据要素市场具有关键作用。数据开放响应了“政府—市场—社会”关系变迁，政府提供公共数据资源，市场和社会主体对其进行开发和利用，数据开发者与利用者继续推动政府开放数据，三方构建起一个合作链条。政府提供公共数据，开发者进行加工，最终成果由社会公众享用。各主体建立起分工协作关系，共同参与数据价值创造。

政府部门、数据开放工作者及社会公众分别扮演数据资源的提供者、加工者及最终受益者，各方分工合作，形成一种合作众创的关系。政府部门作为公共数据资源的供应方，向社会公众与市场提供数据要素。以市场需求为导向，市场主体与政府提供的数据资源进行对接，通过对这些数据资源的整理和开发，对市场需求作出判断，再匹配相对应的劳动力、资本、土地及技术等要素以解决市场需求，在此过程中公共数据资源得到进一步增值开发，产生经济价值。以百度地图、高德地图等代表到一系列导航产品为例，政府提供城市地形图及交通信息等数据资源，企业根据市场需求对其进行整理和开发，得到一系列导航产品。社会大众在应用这些导航产品获得相应的信息服务的同时，也为相关企业（市场主体）贡献了巨大收益和利润。

在以往的政府数据管理模式下，政府提供公共服务需要完全依靠自身力量，政府部门必须集中投入相当数量的人、财、物资源。然而在很多方面其服务质量和数量仍不能满足市场需求。[①]而在通过政府数据开放建立合作众创的新的政府数据管理模式下，政府部门可以打造出一个开放的“集市”，为社会各方提供一个可以通过利用开放数据来获取服务和创造价值的平台。在此过程中，政府对这一平台进行组织、管理和赋能。这样一来可以吸引更多的社会组织或市场主体利用政府数据创造价值，既可以帮助政府提供更完善的公共服务，又能节省大量财政资金。华为应用市场是华为公司打造的应用程序下载平台。该平台上有数以百万计的应用程序可供用户进行购买下载，而这些应用程序中绝大多数都是华为公司以外的合作公司所提供，很少有华为公司自己研发的。华为公司主要负责搭建平台，利用平台优势招揽各类应用研发团队参与平台的应用和建设，并制定相应的制度来维护平台系统有序运转。同理，政府部门也可以利用开放政府数据的优势建立起一个以政府为主体的数据共享平台，类似于一个“政府店”。政府可以利用自身公信力等作为优势，吸引各种社会主体利用平台上的数据提供服务和创造价值。

在政府数据开放过程中，数据供给与开发应用逐渐分离，除与国家机密或公共安全相关的类目，政府不再承担数据产品和应用的直接开发工作，减轻了这部分工作的资金投入，将这一工作转移给市场主体。由于市场开发主体具备更高的技术能力和详细的市场信息，往往能够更好地掌握社会需求的变动，他们提供的数据产品用户体验良好、市场满意度更高。因此在这一公共服务供给过程中，政府不再承担独

① 郑磊：《开放政府数据为经济发展注入能量》，《第一财经日报》2019 年 7 月 18 日。

立生产职责，而是与市场开发者建立合作关系，保障服务供给效果。另外，数据开发者与社会公众形成了依赖关系，社会公众作为用户和消费者，使用数据产品和服务并进行评价，数据开发者在这一链条中成为政府部门与社会公众的桥梁。政府数据开放依靠政府自身公信力的特性，能够使得开放的数据具有质量优良、便于获取、自由利用等优势，这对政府服务性提升也起到积极作用。而随着大数据等信息技术的出现与应用，政府数据的资源属性使政府数据开放开创了社会与政府共同生产公共服务，甚至共同创造新的公共服务的新模式。因此，政府数据开放不仅有助于改进公共服务，也将推动通过公私合作增进社会福利的最终目标。

二、政府数据开放

（一）政府数据开放的概念

开放知识基金会将政府数据定义为，以政府为主体委托或生成的数据，全体公民都拥有使用权和分配权。通过该定义我们可以得出开放政府数据有三个基本原则：（1）可自由获取及使用；（2）可反复使用及再分配；（3）不设使用限制，社会大众可以普遍参与。当然，并不是所有政府数据都可以作为开放政府数据供社会大众使用。涉及公共秩序与安全、知识产权、公民隐私等数据集还需设置使用权限，不宜开放使用。政府数据开放旨在促进数据的重复使用和有效开发，体现了政府的透明度、开放性和公平性，使全体社会成员能够平等地在数据开放活动中获益。①

① 曹雨佳、黄伟群：《政府数据开放生态系统构建：以数据安全为视角》，《图书馆理论与实践》2016 年第 10 期。

2007年，开放知识基金会下设项目“开放政府数据”所召集的开放政府工作组发布《开放政府数据原则》，为政府数据开放提出了八项条件作为开放准则。（1）完整性：除存在特殊限制，如影响社会秩序与公共安全、公民隐私、专利成果、企业机密等数据，其余全部政府数据都属于开放范畴；（2）一手性：政府应确保数据是没有经过加工处理的原始数据；（3）时效性：及时开放最新的政府数据，使得数据能够及时更新，确保其时效性；（4）可获取性：数据能够被最大范围内的社会大众所获取；（5）结构化：政府开放数据应最大程度方便用户使用开发，数据应是结构化的，可以成批量地自动被计算机处理；（6）用户平等性：数据开放面对多数社会大众，不设置使用权限、无需注册会员等；（7）公有性：开放的政府数据属于全体社会大众，不属于任何实体，也不受控于任何实体；（8）无需授权：开放政府数据可自由使用，不受专利、版权或行业保密协议等规则限制。[①]

2013年，英国、法国、意大利等8个国家联合发布《开放数据宪章》，提出数据开放的基本原则：（1）默认开放。所有不属于保密或隐私范围内的数据都需要进行常态化的全面开放；（2）保证数据数量和质量，开放的数据应确保全覆盖、精准、可读、实时更新；（3）全体成员均可使用，数据开放坚持免费原则，用于全体社会成员的开发和应用；（4）改进政府管理，提高社会群体受益范围，对数据开放全过程进行全面透明化管理；（5）鼓励创新，引导更多群体或个人参与数据运营，开发经济价值和潜力。[②]《开放数据宪章》对数据的质量和数量、可使用性及促进创新等3个方面进行了特别强调，旨在使数据开

① 贾开：《从“开源软件”到“开放政府”：互联网影响下的政府治理变革》，《经济社会体制比较》2016年第2期。

② 卫军朝、蔚海燕：《国外政府数据开放现状、特点及对我国的启示》，《图书馆杂志》2016年第8期。

放发挥引导企业创新及商业效率优化，提升公共服务质量和创造商业价值的作用。所以，开放政府数据的结构化特性及可重复利用性是各国政府在推进数据开放进程时重点关注的部分。①

政府数据开放包含多个环节和主体，可从不同角度对其进行界定。就数据开放者而言，政府数据开放即行政机构将其在公共管理活动中收集和保存的除法定保密外的全部公共数据，向社会实时、永久开放。就数据利用者而言，数据开放使其依法、自由、便捷地获取和利用行政机构在行政管理和公务活动中获取和保存的全部非机密类原始数据。②以上定义基于不同主体视角对政府数据开放进行概念界定，与前述定义的要点和原则基本一致。

综上，政府数据开放是政府提供的公共产品与服务，其直接目标是推动政府数据的有效开发和利用，挖掘和获取数据价值。③政府数据开放不是静态现象，而是数据流动和运用的过程。因此需要强调的是，本书中“政府数据开放”是一个广义概念。开放并不是单一主体的行为，也包括与数据开放相关的一系列活动，如制定相关法规政策及标准、建立和维护数据开放平台、促进数据开发利用等，目的是推动数据价值的实现。

（二）政府数据开放的内涵

政府数据开放指通过开放平台将非保密类政府数据全部进行免费开放，使数据可以被直接获取和利用。政府数据开放不是数据的单向发布，而是涉及政府与市场、社会的交流和互助互惠。④具体而言，其

① 黄如花、温芳芳：《在开放政府数据条件下如何规范政府数据——从国际开放定义和开放政府数据原则谈起》，《情报理论与实践》2001 年第 9 期。

② 赵需要：《政府信息公开到政府数据开放的嬗变》，《情报理论与实践》2017 年第 4 期。

③ 参见周志峰：《群体智慧视域下政府数据开放的管理研究》，武汉大学出版社 2020 年版。

④ 赵需要：《政府信息公开到政府数据开放的嬗变》，《情报理论与实践》2017 年第 4 期。

内涵包含如下方面：

在管理对象方面，政府数据开放的管理对象包括数据本身，以及基础设施、开放平台、技术操作、专业人员等，是对数据开放全过程的统一管理。[①]目的是解决数据分散化、碎片化问题，实行数据的全流程统一管理和整体开放。

在业务范围方面，政府数据开放包括数据流动链条的全部环节，如元数据管理、技术操作标准、存储安全、质量监测、利用修复等复杂内容。[②]通过对数据开放全流程多个微观环节的细致管理和体系化运作，保障数据开放的质量和安全，节约运营和维护成本，从源头降低数据风险，保障数据价值的实现。

在参与主体方面，政府数据开放改变了传统单一政府负责制，吸纳多主体参与互动。明确政府在数据开放活动中的职责和功能，推动形成政府主导、市场和社会主体协同参与的开放理念和管理模式。依据政府数据的类别、领域和功能，考量不同主体的诉求和能力，鼓励其合作参与数据开放系统的共建共享。[③]

在开放形式方面，数据开放包括网络资源和纸质材料。在开放范围方面，数据开放内容包含经济、社会、政治、民生、文化等多领域的数据。在开放部门方面，政府数据开放要求全体行政部门参与，并开放除涉及机密和隐私外的全部数据。在开放目标方面，数据开放以发挥公共资源价值、创造经济和社会收益、改进公共服务为目标。[④]

① 夏义堃：《试论数据开放环境下的政府数据治理：概念框架与主要问题》，《图书情报知识》2018 年第 1 期。

② 曹雨佳、黄伟群：《政府数据开放生态系统构建：以数据安全为视角》，《图书馆理论与实践》2016 年第 10 期。

③ 王娟、李玉海：《基于演化博弈论的政府开放数据质量控制机制研究》，《现代情报》2019 年第 1 期。

④ 黄如花、温芳芳：《在开放政府数据条件下如何规范政府数据——从国际开放定义和开放政府数据原则谈起》，《情报理论与实践》2018 年第 9 期。

在安全风险方面，数据开放可能面临复杂的风险和隐患。包括国家机密泄露、个人隐私受侵害、国家和公民财产损失、知识产权风险、危害社会安全、数据不当使用导致信任危机等。[①]这些不可忽视的风险和隐患将成为数据开放和利用的重要桎梏，需要政府尽可能建立安全管理和监督机制保障数据的安全性和合法性，减低社会疑虑，提供维权通道，营造安全有序的开放环境。

在组织文化方面，政府数据开放推动封闭性组织文化向开放、参与文化转变。数据开放使政府部门内部以及政府与社会、公民个人之间以开放为纽带，建立起多元参与渠道和互动网络，有助于形成协同互助、包容创新的文化氛围，鼓励各主体参与数据创新应用，共同建设和维系开放生态。

（三）政府数据开放的价值

政府数据的公共产品属性决定其产权由全部社会成员共同拥有。政府数据这一重要的公共资源，在开放后可以用于分析决策，或通过创新性开发成为各种数据产品或应用，产生重要的政治、经济和社会价值。

1.政治价值

有效的治理需要政民之间进行充分的交流、合作和协调。政府数据开放提供了公民个人和各类社会组织监督和参与政府决策、合作治理公共事务的机会，社会主体可以利用政府数据应用和平台，提出需求、参与互动、反馈意见，从而更方便、有效地向政府提供信息和智慧，影响公共决策进程。另外，政府数据开放能够推动科学决策，支

① 黄如花、温芳芳：《在开放政府数据条件下如何规范政府数据——从国际开放定义和开放政府数据原则谈起》，《情报理论与实践》2018年第9期。

持社会参与监督和问责，减少腐败或不作为现象。

在政府层面，数据开放有助于实现部门无缝隙。[①]传统科层制下的政府机构存在分散化、隔离化的问题。数据烟囱、数据壁垒等问题导致无法为政府决策提供充足可靠的数据支持。公共治理的复杂性要求政府机构进行跨边界的数据互通，政府数据开放的全面推行，目的是化解不同治理主体间的信息隔阂，促进多部门、多主体间的协同，进而提高公共事务的处理效率，提高政府服务水平和效能，促进部门数据互通和业务协同，提升公民的政治认同感。

2.经济价值

数据开放能够产生巨大的经济价值，为商业化和数据产业化提供原料，营造科技创新和资源开发的良好环境，帮助开发者和消费者获益。[②]政府数据作为有开发潜力的公共资源，政府、市场和社会主体对其进行有效利用，将为经济和科技发展注入新能量。例如，美国开放的人口、地质、交通、气候等政府数据成为谷歌公司地图软件的主要数据来源，为其创造了巨大市场和收益。美国气候公司利用美国政府开放的气候数据、农作物数据、土地数据，开发出占据很大市场份额的气候保险产品，在灾害天气发生后无需举证自动赔付损失。因此，政府数据的有效利用可以产生新创意，挖掘潜在市场，带来直观经济收益。

3.社会价值

数据开放的社会价值表现为优化公共服务、便利公民日常生活、提高社会福利、增强社会获得感等。第一，数据开放保障公民自由获取数据。由于绝大多数数据资源由行政部门所有，在官僚制和层级化

① 参见郑磊：《开放的数林：政府数据开放的中国故事》，上海人民出版社 2018 年版。

② 王卫、王晶：《开放政府数据价值实现影响因素及其动力学分析》，《图书馆理论与实践》2020 年第 3 期。

管理之下，政府部门基于自身利益考量，不愿将其掌握的数据进行开放。伴随信息技术突破和公民民主意识的觉醒，这一现象必须被改变。数据开放可以为社会主体参与和监督行政行为提供方便。数据开放过程中伴随信息和知识的传递和学习，社会公众能够更便捷地进行决策和参与政治生活。公民参与由传统的被动交流向合作式互动反馈转变。第二，政府数据开放可以转变传统公共服务供给方式，提高资源利用效率，通过公私合作优化公共服务。政府数据开放的目的是满足社会需求，使全体公民共享开放福利。公民既有权利直接获得和使用政府数据，也应该获得更高水准的公共服务。[①]政府数据开放致力于突破政府专业化程度不高、管理碎片化等困境，鼓励公民向政府部门提交需求，政府与其他主体合作供给公共服务，有助于提高政府服务能力和公众获得感。第三，作为一种赋能型的公共产品，数据开放赋予公民参与解决社会问题的条件和能力。社会公众不仅作为公共产品的消费者，也可以成为公共产品的合作供给者。传统由政府独立提供的公共服务仅能满足社会的普遍性需求，在数据开放过程中引入更多参与主体，汇集资源、智慧和技术投入数据开发和创新活动，能够满足少数群体多样化的个性需求。

三、政府数据开放与相关概念辨析

（一）政府数据开放与政府数据共享

《促进大数据发展行动纲要》明确了推动政府数据共享和公共数据资源开放的目标。前者指促进数据资源跨地区、层级、部门、系统进行共享，后者指政府将所掌握的数据资源通过开放平台进行统

① 韦彬：《电子政务碎片化与整体性治理研究》，《理论月刊》2013 年第 5 期。

一开放。[①]2017年《贵阳市政府数据共享开放条例》对上述两个概念进行了界定：前者指行政机关在行使职责过程中，与其他行政机关交换使用政府数据的活动；后者指行政机关将政府数据向社会公开提供的活动。[②]

因此，数据共享活动发生在政府内部，共享的数据仅行政机构可以获取和使用。数据开放活动则涉及政府与社会的联系和互动，全体社会成员均可以免费获得和直接利用政府数据。[③]政府数据开放要求行政部门之间及时进行数据交换和传递，因此需要以数据共享为基础，二者存在内在包含关系。[④]澳大利亚《开放数据行动计划》即提出将数据共享框架的建立作为数据全面开放的基础。[⑤]

（二）政府数据开放与政府信息公开

《政府信息公开条例》对政府信息的界定是政府在行使职权的活动中产生及获取，按照特定形式保存的信息。[⑥]根据此定义，第一，行政机关是政府信息的生成和所有者，其他主体在管理活动中产生的信息并不包含其中。第二，政府信息在行政机关行使权利和承担行政管理职责活动中产生，其职责履行情况、公共资源分配情况、合法性等需要向社会公开并接受监督。因此除被纳入保密范围的信息，都应主动

---

① 郑磊：《开放不等于公开、共享和交易：政府数据开放与相近概念的界定与辨析》，《南京社会科学》2018年第9期。

② 贵阳市人大：《贵阳市政府数据共享开放条例》，2017年4月11日。

③ 王翔、刘冬梅、李斌：《我国公共数据开放的促进与阻碍因素——基于交通运输部“出行云”平台的案例研究》，《电子政务》2018年第9期。

④ 吕凯、赵洋：《人工智能背景下政府的数据开放与共享——以天津市政府为例》，《东南大学学报》2018年第2期。

⑤ 岳丽欣、刘文云：《国内外政府数据开放现状比较研究》，《图书情报工作》2016年第11期。

⑥ 参见国务院法制办公室：《中华人民共和国政府信息公开条例注解与配套》，中国法制出版社2008年版。

公开，另外，政府信息来源既包括政府内部制作和生成的信息，也可能在履职过程中从其他主体处获取的信息。第三，政府信息需要记录或保存在具体载体之上，其他传闻、转述等未被正式记载的消息则不属于政府信息。①

“政府数据公开”在《2015年政府信息公开工作要点》中被首次提出，作为政府信息公开的补充和拓展。《促进大数据发展行动纲要》提出“政府数据开放共享”和提升治理能力。此后，《国家信息化发展战略纲要》《公共信息资源开放试点工作方案》等政策强调数据开放的目标在于实现数据资源的开发利用，推动治理体系优化。②从以上内容可以看出，在国家政策定位中，数据开放起源于对信息公开的补充和拓展，其后伴随数据资源的有效开发产生的经济和社会价值，其对于改善治理和优化公共服务的作用逐渐凸显。

政府数据开放与政府信息公开既有区别，又相互联系。二者的联系体现为，数据开放被视为信息公开实践的延伸和突破，反映了政府在信息公开过程中对公民需求和公共服务提供能力的主动审视。政府信息公开为其提供了重要实践经验和法律基础，作为数据开放的前期积累和支撑。伴随信息通信技术不断进步、数据处理能力和传输速度明显提升、基础数据库建设基本完成、公民数据素养逐步提升，政府数据开放理念作为时代产物必然生成。二者在提高政府透明度、推动政府职能转变、发挥公共资源价值、鼓励知识和智慧流动等方面均发挥了不可忽视的作用。

政府信息公开反映了政府职能转变过程中对政府透明度和民主化程度、公民知情权的主动审视。由于公民信息素养和数据利用水平的

---

① 赵需要：《政府信息公开到政府数据开放的嬗变》，《情报理论与实践》2017年第4期。

② 《三部门在五省份联合开展公共信息资源开放试点工作》，中国政府网，2018年1月5日。

提高，被技术处理后难以再次利用的信息不能有效满足社会要求，因此驱动了政府数据开放的产生，政府与公众的交流互动程度不断提升。在这一演进过程中，影响因素包括政府战略思维的转变、公民需求和能力的提高、新闻媒介的宣传、其他国家实践的启发等。[①]

二者区别体现为：

1.形成基础和制度目标不同

政府信息公开以公民知情权为基础，属于政府应承担的法定义务，是社会民主程度的体现。在信息公开过程中，政府是上游的信息发布者，公众是下游的信息接收者，政府信息自上而下进行单向传递。在这种情况下，政府理应对原始信息进行一定的处理，使其能够被普通公众便捷获取并直接理解。经过处理后的信息的利用价值虽然可能被压缩，但由于再利用并不是政府信息公开的首要目标，其重要性低于保障公民知情权。

政府信息被公开后，其主要目的即已达成。政府数据开放更加强调利用性，是国家创新能力的反映。对应公众的参与权和表达权，因此需要关注政府主体和数据利用主体，并推动二者合作互动关系的形成。[②]把数据开放出去并非主要目标，高效利用和发掘数据资源价值是最终目标。政府信息公开工作的主导者是政府，以公开为直接目的。政府数据开放则以数据资源价值挖掘和有效利用为最终目的，因此实施主体既包括政府，也包括市场、用户的共同参与和互动交流。

总体而言，政府信息公开强调充分供给，政府数据开放则注重需求的满足。政府信息公开主要由政府主体完成，可通过政策法规、行政命

① 赵需要：《政府信息公开到政府数据开放的嬗变》，《情报理论与实践》2017年第4期。

② Djoko Sight Sayogo，Theresa Pardo，“Exploring the Motive for Data Publication in Open Data Initiative：Linking Intention to Action”，*Proceeding of 45th Hawaii International Conference on System Sciences*，Vol.11，No.1，2012，pp.34–38.

令等形式完成和实施。[①]数据开放则涉及企业、社会等多个主体，因此仅通过行政手段无法完成，还需要关注各主体行动能力和利益诉求，建立和维护数据开放生态环境，推动多主体共同参与并完成开放目标。

2. 开放范围不同

政府信息公开的范围由“概括+列举”进行确定。政府数据开放的范围则由开放目录进行划定，并需要适应经济社会发展需求的变动从而进行动态调整。公众普遍关注、经济价值高、社会需求强烈、能够满足特殊情境需要的数据将列入年度开放清单优先开放。开放清单的动态调整既体现了对公民社会需求的关注，也赋予了政府更多自由裁量空间。

3. 开放内容不同

政府开放的数据是未经过技术处理和人工解读的原始数据，而信息通常通过技术处理或分析，包含特定意义和指向性。因此政府信息公开是将政府加工处理后的统计信息进行对外发布，这类信息通常不方便下载或机读，而数据开放将内容延伸至原始数据层面，社会可以快速获取并直接利用。[②]另外，政府信息公开侧重于公开“政府如何运作”，主要与民主监督问责相关。政府数据开放优先对经济价值高、社会需求强烈、开发潜力大、服务于民生的数据进行开放。[③]

4. 开放方式不同

政府数据开放依照分级分类原则，分为无条件开放、有条件开放、非开放类，以主动开放或有限开放等不同形式进行开放。公民可以在开放网站或现场提出数据开放申请，政府经审核后决定是否对外开放并给出处理意见，作为政府主动开放数据的补充，体现了公众对数据开放的有效参与。但在法律意义上，公民没有对数据开放的请求权。

① 胡小明：《从政府信息公开到政府数据开放》，《行政管理改革》2015 年第 8 期。
② 付熙雯、郑磊：《政府数据开放国内研究综述》，《电子政务》2013 年第 6 期。
③ 上海市人民政府：《上海市公共数据和一网通办管理办法》，2018 年 9 月 30 日。

政府信息公开的方式包含主动和依申请公开，公民享有请求权，可通过申请保障其知情权，也可申请诉讼救济。

四、政府数据开放绩效

政府数据开放是政府开放数据资源，建立平台和渠道以便利社会进行数据利用的公共服务。政府绩效管理的目标是对政府工作和行为活动的效果进行测量和评价，以保障行政效率提升和完成预期计划。[①] 政府数据开放绩效管理即在政府数据开放行为活动中，测算其投入与产出，目的是掌握其建设和运行过程的各类投入情况和实际效果，以保障数据开放基本目标的达成和整体收效的提升。

政府绩效包含对政府活动的效率、成果、收益等的考察，体现了政府行使行政权力活动中的管理能力和工作效率。因此政府数据开放绩效即对政府数据开放实践工作的效率、成果、完成预期计划程度的测量评估，其结果反映了政府的工作能力和服务效果。政府绩效既追踪政府完成工作的具体过程和方式，更侧重对其效果和影响的考量。政府数据开放绩效也涉及对行动过程、实际效果、整体收益、持续影响等方面的全面评价。对过程的评价包括数据开放情况、平台建设和运行、服务质量等方面，对结果和影响的评价包括数据利用效率、社会满意度、未来的应用和推广价值等。

学者多从数据提供、使用、产出等层面提出政府数据开放绩效评估的维度。祖德维克和詹森提出，政府数据开放绩效评估应从开放数据的利用、风险和收益三个维度进行。[②] 唐科提出，数据开放是否取得

① 黄莺：《政府数据开放绩效研究：内涵、特征及生成机理》，《四川大学学报（哲学社会科学版）》2021 年第 5 期。

② Anneke Zuiderwijk，Marjin Janssen，“Open Data Policies，Their Implementation and Impact：A Framework for Comparison”，*Government Information Quarterly*，Vol.31，No.1，2014，pp.17–29.

进展不仅在于数据的供给，也需要考察数据被广泛使用后产生的价值。数据开放绩效评估体系应包含数据供给、资源管理和使用成果三个方面，这既考察了数据开放的产出，也体现了对结果与影响的关注。[①]其他研究基于系统论等思维，从数据供给和利用、主体间关系等不同维度，建构数据开放绩效的概念体系，或提出集中关注绩效的薄弱环节，讨论以此为突破提升绩效的思路。[②]

目前国内外具有权威性和代表性的政府数据开放绩效评估项目包含开放数据晴雨表、全球开放数据指数、中国开放数林指数等。以上数据开放评估指标基本对基础、平台、数据、效果等维度进行测量。基础维度以制度和组织基础、外部环境等作为支撑；平台维度指作为技术载体的开放平台和数据库建设情况；数据维度考察开放数据的数量、范围、时效、质量等；效果维度包括开放数据的利用情况，产生的实际效果与价值等。[③]

第二节 理论基础：开放政府理论

开放政府理论通常被视为政府数据开放的理论起点。20世纪 80 年代，在新公共管理理论推动下，开放政府理论随着“开放政府”运动迅速发展。开放政府理论强调公民获取政府信息和数据的权利，以及

① Donker Frederika Welle，Van Loenen Bastiaan，“How to Assess the Success of the Open Data Ecosystem?”，*International Journal of Digital Earth*，Vol.10，No.3，2017，pp.284–306.

② Keegan McBride，Maarja Olesk，Andres Kütt，Systemic Change，“Open Data Ecosystem Performance Improvements，and Empirical Insights from Estonia：A Country–Level Action Research Study”，*Information Polity*，Vol.25，No.3，2020，pp.377–402.

③ 参见郑磊：《政府数据开放的中国故事》，上海人民出版社 2018 年版。

提高政府的行政效率和管理服务效率。在这一治理理念下，透明、参与、合作作为理论内核，关注治理主体的互动合作和治理方式的多样性。通过合作生产进行政府数据开放是开放政府理论的实现方式和行为选择，而通过推动公众参与和社会合作提升治理能力、增进公共价值则是开放政府最为本质和核心的内容。本节介绍了开放政府理论的起源和内涵，探究政府数据开放的理论起点和核心逻辑。

一、开放政府理论的起源

开放政府的理论起点可以追溯至新公共管理理论范畴，其目标是从传统的公共行政向公共治理的转型，伴随公共产品需求的变动应运而生。这一变动涉及公共产品供给过程中政府与市场、政府与社会关系的变化调整。由传统的政府完全独立供应公共产品的模式转向吸纳和引导市场、社会资源的参与，并与政府改革和服务能力建设相结合。

传统公共管理理论提出，公共产品的供给需由政府作为唯一独立主体完全垄断。由于公共产品具有非竞争性、非排他性和外部性，将显著影响市场参与供给的意愿，且市场供给公共产品将难以避免失灵问题的出现。故传统公共管理理论认为政府的全权垄断负责可以消解市场供给动力不足和失效现象。政府和市场界限明确的分工观念由此生成，即由政府独立提供公共产品，市场仅承担经济调配功能。但伴随经济水平、技术创新、社会文化等方面的不断发展，社会开始对公共产品提出新要求。这种要求不只强调提高公共产品供给效率，也推动了政府与市场、社会关系的深刻变迁。

第一，现代社会经济的高速发展和社会文化变迁提高了公众福利提升的诉求，也进一步提高了对公共产品品质和功效的要求。社会对公共产品功效的要求不断扩展，认为公共产品除保障社会基本需求和公共安全外，还需要推动人类社会的高质量发展；[①]由于技术变迁和社会文化水平提高，公众要求公共产品供给体现精准化、个性化、多元化，并能够根据需求变动及时进行完善。[②]因此公共产品供给主体必须敏锐、细致地捕捉社会需求，针对不同发展阶段和不同群体进行动态、充分的供应和调整。[③]因此，人类社会对公共产品品质要求的提高，导致供给过程的专业性和精细程度明显提高。针对不同的需求主体，公共产品供给者必须提高专业程度、扩展业务范围。

面对公共产品的新需求，传统的政府独立供给模式存在专业性和精细化不足、成本难以控制、供给效率不高等明显问题[④]，解决这一问题必须对政府和市场、社会关系进行重新界定和调整，即将政府提供公共产品的部分职能转移出去，吸纳非政府主体发挥其优势参与到公共产品供给实践中。[⑤]实践需求推动了理论变迁，新公共管理运动提出，在政府承担主要职责的条件下，可以通过公私合作、服务外包等形式引导市场和社会要素加入公共产品供给。[⑥]

第二，由于市场活动规模明显扩大，对公共资源的需求迅速增加，政府供给公共产品的范围和责任被放大。公共资源作为经济建设、市场化活动必备的基础性要素，与成品化公共产品的差异在于，并非作为成品或福利直接提供给公众，而是作为需要进行开发才能转化为成

---

① Liam Phelan，Jeffrey McGee，Rhyall Gordon，“Cooperative Governance：One Pathway to A Stable-State Economy”，*Environmental Politics*，Vol.21，No.3，2012，pp.9-19.

② 李飞、何红锋：《PPP 模式社会许可法权化探究》，《行政论坛》2019 年第 1 期。

③ 李晓方：《理念、激励与共享经济的敏捷治理：基于地方政府网约车监管实践的实证分析》，《中国行政管理》2019 年第 6 期。

④ 陈潭：《大数据驱动社会治理的创新转向》，《行政论坛》2016 年第 6 期。

⑤ 汪锦军：《合作治理的构建：政府与社会良性互动的生成机制》，《政治学研究》2015 年第 4 期。

⑥ 金太军、袁建军：《政府与企业的交换模式及其演变规律——观察腐败深层机制的微观视角》，《中国社会科学》2011 年第 1 期。

品、产生利用价值的生产要素。公共资源由全体社会成员共有，且市场供给可能存在失灵现象，政府因此需承担资源配置和使用监督责任。同时，政府由于专业性和技术性不足，如果由其直接进行公共资源开发和成品生产，将容易产生失灵现象。因此政府与其他主体开始探索建立协作关系，通过责任分工共同完成公共资源提供与价值转化，以最大程度保障经济与社会收益。在合作过程中，政府必须负责公共资源的供应和配置，同时更具专业性和敏锐性的其他主体参与开发，有助于实现效率最优。

新公共管理要求重新界定公共产品供给链条中政府的作用和功能，提出在公共产品供给领域，政府与市场、社会的关系变动显著发生，合作成为其主流关系形式，用于解决公共服务生产中的技术和效率问题。这种合作表现为，政府将部分工作范围向市场和社会转移，形成政府、市场资源、社会资源协同互联的公共产品的合作供给链条，以此促进公共资源的合理开放及其高效利用。开放政府理论在这一背景下应运而生，对政府开放公共数据、推动公众参与、引导社会合作等提出了要求。

二、开放政府理论的内涵

艾伯特等提出公民通过对外公开的政务信息对政府行为进行监督，或者响应政府号召参与政策制定的行为，是开放政府的具体体现。[①]海克莫尔对开放政府的描述是提高政府政务公开程度，使公众了解政务活动形式及实施状况，充分掌握公共信息，以行使公民权利。[②]詹路易

① Albert Meijer, Deirdre Curtin, Maarten Hillebrand, "Open Government: Connecting Vision and Advice", *International Review of Administrative Science*, Vol.1, No.1, 2012, pp.45-50.

② Heckmann Dirk, "Open Government-Retooling Democracy for 21 Century", *Proceeding of the 44th Hawaii International Conference on System Science*, 2011.

吉等对开放政府进行了更加完整的界定，认为它主要体现在两方面：一是公民的广泛参与，如就社会公共问题纳言献策或为政策的制定出谋划策等；二是公共行政责任的透明度、信息的公开化以及数字服务能力。①

其他学者认为开放政府是新时代背景下一种全新的现代治理模式，为政府和公民的良性互动和民主对话提供了广阔的空间。经济合作与发展组织从如下三方面阐释了开放政府的基本内涵：其一，政府行为的透明度，即政策制定或行政管理一切活动是有迹可循和可问责的；其二，政府信息的透明度，即通过数字化政务服务平台等载体，扩大政务信息覆盖范围，提高获取便捷性，在满足公众知情权的同时，提升政府服务的可获得性；其三，政府对新治理理念的接受程度，即政府在面对新治理理论或新公共需求时所表现出的包容性。

娜塔撒等人建构了开放政府的概念模型，认为其主要涉及五个基本内容：一是开放数据，保障政府数据的完整性、易获得性、机器可处理性、自由许可等；二是数据透明，主要表现为公共数据的准确性、可重用性、公开性等；三是政府透明，主要表现为政府的行政管理和项目运作过程中的公开透明；四是公众参与，主要表现为公众与政府间的密切沟通和对话；五是多元合作，主要表现为政府、非政府组织、市场主体、公民等多主体的协同合作。②也可以将这五个内容归纳为开放政府数据、多元主体参与和多元主体合作的基本逻辑③，这一逻辑也

① Gianluigi Vicusi，Blerina Spahiu，Andrea Maurino，“Compliance with Open Government Data Policys：An Empirical Assessment of Italian Local Public Administrations”，*Information Polity*，Vol.3，No.4，2014，pp.130-136.

②Nataša Veljković，Sanja Bogdanović Dinić，“Leonid Stoimenov. Benchmarking Open Government：An Open Data Perspective”，*Government Information Quarterly*，Vol.31，No，2，2014，pp.278-290.

③ 骆毅、王国华：《“开放政府”理论与实践对中国的启示——基于社会协同治理机制创新的研究视角》，《江汉学术》2016 年第 2 期。

昭示着政府开放程度的逐步深入。

图1—1 开放政府理论的基本逻辑

资料来源：骆毅、王国华：《"开放政府"理论与实践对中国的启示——基于社会协同治理机制创新的研究视角》，《江汉学术》2016年第2期，经作者整理。

综合以上研究，开放政府作为一种治理理念，强调采用信息公开、数据开放等方式，增进政府与公众之间的良性互动和交流，加强政府与企业、社会组织的合作，核心目标是提升政府治理能力和增进社会总体收益。[①]开放政府是提高治理有效性的重要方式，也是数据时代建设服务型政府、提升政府公共责任感的必然要求。在信息技术和大数据技术推陈出新的情境下，该理论的应用领域从信息公开向数据开放拓展，将政府数据视为实现数据治理和资源管理智能化的高价值战略资源。开放政府理论这一先进的治理理念成为政府数据开放运动的理论基础，并推动政府在挖掘数据价值、推动主体互动、促进社会发展中发挥了重要的作用。

三、政府数据开放：响应开放政府理论的政府改革

开放政府理论关注政府与其他主体的交流与合作，其目标是提高政府治理能力，提供完善的公共产品和服务，增进公共价值和社会价值。由于公共产品供给种类和难度的不断提高，政府、市场与社会界限分明的传统分工状态被打破，逐渐建立起协同合作关系并实现共同供给，三者关系的变化和合作状态将有力地推动政府改革。数据开放

① 王本刚、马海群：《开放政府理论分析框架：概念、政策与治理》，《情报资料工作》2015年第6期。

响应了这一变迁，体现了政府公共管理的创新性。政府作为数据资源供给者，致力于推动公共资源的开发与价值创造，适应公众对公共产品生产和使用提出的新要求，这主要表现在两方面：

一方面，政府数据开放可以保障成品化公共产品的供给效率和质量。数据与信息的区别在于，数据需要进行技术处理后才能直接使用。传统模式中政府是数据服务的独立供给者，承担将原始数据进行分析和处理的职责，将数据处理成公众可利用的信息，并发布给社会。但由于政府注意力分配的局限性以及技术处理能力缺乏专业性，其独立提供数据服务难以保障高效率和高质量。所以政府逐渐将数据的生产和开发工作转交给市场和社会，尤其进行数据服务开发和传递，政府作为供给者进行统筹协调，支持非政府主体进行数据开发和技术创新，以最大程度促进公共服务水平的提高。[①]针对一些专门性数据开放工作，政府可发挥引导功能，对数据服务合作供给的思路和方式进行指定。如在疫情特殊时期，丁香医生等市场主体利用政府数据开发出可视化、满足公众即时需求的新型数据产品提供给社会，在很大程度上提高了公共卫生服务效率，为社会公众带来了实际便利。

另一方面，政府数据开放工作推动政府数据经济价值和收益的创造。数据作为新生产要素，在经济活动中发挥不可替代的作用，是重要的创新性资源。在传统供给方式下，政府是绝大多数数据资源的所有者和管理者，但由于其专业性和集中度不足，所掌握的数据资源价值难以被充分发掘。许多原始数据被收藏在政府机构内部，无法转化成可利用的信息。一些原始数据经使用或处理后，无法再次对外发布，数据价值和利用性被折损。因此，政府数据开放活动的中心目标即解决以上困

① 郑磊：《开放不等于公开、共享和交易：政府数据开放与相近概念的界定与辨析》，《南京社会科学》2018 年第 9 期。

境。政府将数据提供给市场和社会主体，由具备专业性和技术性的其他主体进行增值性开发，实现公共资源的有效利用和经济价值挖掘。

如百度地图、墨迹天气等市场主体利用政府开放的数据进行产品开发，提供信息服务，既为社会公众带来便利，也为企业创造了巨大收益。因此，政府数据开放作为响应“政府一市场一社会”关系变迁的政府改革，体现了其推动公共资源价值实现的核心目标和多主体协作的治理逻辑。政府、市场和社会建立协作关系，三省有效合作可以优化公共产品供给、支持市场创新活动、挖掘数据价值。

综上，政府数据开放是响应开放政府理论的政府改革，在这一过程中，政府作为数据资源供给者，致力于推动数据资源的开放、开发与价值创造，根据环境变化整合和创新内外部资源，以提高数据开放的效率和质量。政府完成数据开放这一步骤后，实现了数据层和应用开发层的分离，由市场完成数据创新活动，对数据进行开发，社会公众进行使用并提出反馈。因此，政府数据开放的全过程体现了行政要素、市场要素、社会要素协同作用的发挥。政府与市场和社会之间形成了一种合作众创的互动关系，这一过程也体现了开放政府理论推动公共资源价值实现的核心目标和多主体协作的治理逻辑。

第三节　分析框架

本书基于开放政府理论，结合对政府数据管理部门工作人员、开放数据用户等群体进行的问卷调查和结构化访谈结果（调查问卷及结构化访谈提纲见附录），将影响政府数据开放绩效的因素划分为行政要素、市场要素和社会要素三方面，架构本书的分析框架（如图1—2）。

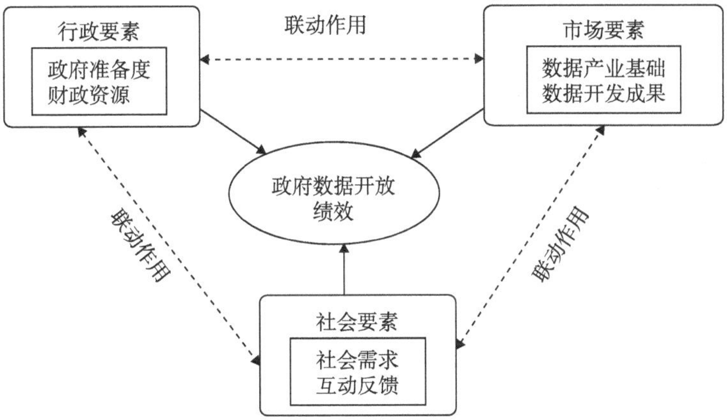

图1—2　分析框架

一、行政要素

行政要素具体包括政府准备度和财政资源两个方面。政府是数据开放的起点和核心，承担数据供给职责并统筹推动数据开放进程。政府需要保障和维护各参与主体的权益，综合考量其参与能力和利益诉求，维护数据开放秩序与生态。

在政府准备度方面，目前各类政府数据开放评估体系基本都对政府基础准备层面进行考察，通常涉及法规政策、组织保障、标准规范等方面，作为对数据开放基础支撑的衡量。[①]其中，法规政策提供数据开放的制度保障和根本依据，标准规范明确数据开放的技术操作指南。数据管理机构作为组织和实施者，其协同作用的发挥能够保障相关工作顺利推行。开放政府数据的运作需要以此为基础，为满足公众需求、改进公共服务提供保障。

① 郑磊、关文雯：《开放政府数据评估框架、指标与方法研究》，《图书情报工作》2016年第18期。

在财政资源方面，政府数据开放具有资金投入多、建设时间长、收益获取慢等特征。在基础保障方面要求包括信息和通信基础设施、掌握专业技能和熟悉管理工作的人力资源配置等，均要求政府拥有较充足的财政资源提供支撑。因此，政府财政资源是政府数据开放必要投入的物质支撑和保障。

二、市场要素

市场主体作为数据产品和服务的主要开发者，成为政府和社会公众之间的桥梁，是数据供给者和利用者的关键链接。随着大数据时代的迅猛发展，公众对数据资源和服务质量的需求与期待明显提高，政府开始将数据开放平台建设与数据产品开发、数据资源处理等交由市场主体完成，通过建设创新基地、举办创新比赛等形式鼓励市场资源与政府合作，挖掘数据资源价值。

市场要素包括数据产业基础和数据开发成果两个方面。大数据产业发展水平是政府数据开发与创新的重要技术基础。数据产业规模的扩大和对数据资源需求的提升会推动政府数据开放数量和范围的扩大，其创新成果和实际产出将对数据服务供给和资源利用发挥积极的示范作用，并带来实际收益。另外，数据开放之后市场进行开发利用的情况及有效成果的数量与质量，成为衡量政府数据开发利用成效的重要可视化指标。

三、社会要素

社会公众是数据以及数据产品和服务的主要用户和消费者，这一群体既包括公民个体，也包括非营利组织等各类社会团体。其责任包括：积极表达数据需求，推动政府开放多领域数据、有效响应公众需求、提升业务能力；反馈数据获取和服务体验，推动政府和数据开发机构根据用户体验改进数据供给和提高产品与服务质量；在数据利用过程中参与政府决策、提高生活质量，体现数据在推动公民政治参与和方便实际生活方面的价值。目前国内外多数权威性的政府数据开放综合评估均将社会参与的程度和有效性纳入考察。

社会要素主要包括社会需求和互动反馈两个方面。一方面，数据开放以服务于民为中心，社会公众是数据开放的服务者和参与者，其需求对于数据开放范围和方式的确定具有重要影响，公众需求的有效表达可以使政府明确数据开放方向、改进数据开放方式。另一方面，政府为公众发现数据、获取数据和展示数据成果提供便利，通过数据开放平台，社会公众形成良好的互动反馈，不断提升用户体验，这成为政府快速响应公众需求、根据用户反馈进行服务优化以及推动社会合作式参与的重要抓手，对于改进和完善政府数据开放和促进价值增值发挥重要作用。

综上，行政、市场、社会3类一级条件下共囊括了6类二级条件。在组态视角下，以上条件对政府数据开放绩效的影响并非相互独立，而是通过联动匹配协同发挥作用。本书将基于组态视角，实证探讨政府、市场、社会三重要素如何通过联动匹配影响政府数据开放绩效。

2

第 二 章

中国地方政府数据开放绩效概述

- 中国地方政府数据开放整体情况
- 地方政府开放数据情况
- 地方政府数据利用情况

本章总结了中国地方政府数据开放的综合绩效，以及在开放数据、数据利用等维度各地方政府的基本表现，从总体上展示了目前我国地方政府数据开放的实践进展，并对表现突出的地区进行总结，作为本书对政府数据开放绩效因果机制研究中“果”的呈现。

第一节　中国地方政府数据开放整体情况

我国部分地方政府率先进行了数据开放的相关探索，中央政府也对政府数据开放给予了很高的强调程度和支持力度，政府数据开放成为地方政府的新竞争场域。从实践来看，地方政府数据开放并非一蹴而就，而是一个逐渐发展的过程。总体上数据开放程度在逐步提高，然而就数据开放绩效而言，各地方政府之间形成了显著的差别。本节主要对两项内容进行了阐述，其一是地方政府数据开放平台建设情况，其二是各地方政府数据开放的综合绩效表现。

一、地方政府数据开放平台建设情况

我国地方政府数据开放平台以实现全国、全社会共享数据开放成果为建设目标，经过多年的努力取得了诸多建设成果。[①]具体表现为地方政府数据开放平台数量增长迅猛，而且在实践中推动了对数据的利

① 吴帅帅:《政府数据开放的功能定位、实践困境及优化路径》,《情报杂志》2023年第1期。

用。2012年，上海建成首个地方政府数据开放平台，这是国内地方政府在数据开放领域的最早探索。同年10月，北京市政府数据资源网上线，率先开放政务、教育、财政等多个领域和部门的数据集超400个。2015年《促进大数据发展行动纲要》出台，地方政府数据开放平台迎来建设热潮，浙江、贵州、武汉等地方政府数据开放平台纷纷上线。

截至2021年10月，我国市级以上地方政府数据开放平台总数达到193个，其中包含24个省级平台以及169个城市平台。①相较2020年，同期新增平台数量达到51个，新增城市平台及省级平台的数量分别为48个和3个。从全国范围来看，地级及以上平台数量有了较快增长，4年内增长超170个。②目前我国政府数据开放平台数量显著增加，政府数据库之间的技术联接已经基本实现，成为数据开放的基础设施和技术保障。

从地方政府数据开放平台的整体建设情况可以看出，最早是东部地区进行了探索和延伸，随后朝中西部地区持续发展和扩散，整个东南沿海各省级平台纷纷建立，呈现出成片发展的态势。目前，各地方政府数据开放平台建设进展迅速，其中浙江、广东、四川、山东等地区的省级和市级数据开放平台呈现出相对较高的密度。江苏、江西、安徽等东中部省份以及贵州等西南部地区的地级平台也纷纷建立起来，逐步实现了成片发展。安徽省内已有相当比例的下辖地市上线了数据开放平台，但省本级平台尚未上线。福建省、河北省、河南省、湖南省和陕西省虽已上线了省本级平台，但省内绝大多数地市尚未上线平

① 复旦大学数字与移动治理实验室：《中国地方政府数据开放报告（2020下半年）》，2021年1月20日。

② 复旦大学数字与移动治理实验室：《中国地方政府数据开放报告——城市（2021年度）》，2022年1月10日。

台。从整体上看，东南沿海省域的政府数据平台已经基本相连成片。然而，截至2021年，全国仍有吉林、辽宁和云南3个省的省本级和下辖地市均未上线数据开放平台。

二、地方政府数据开放综合绩效

根据《中国地方政府数据开放报告》对省级政府数据开放指数的综合排名，2021年下半年综合指数最高的是浙江，然后是上海、山东、贵州、广东等地。在已上线政府数据开放平台的24个省级政府中，排名前50%地区的综合指数见表2—1。在2018—2021年四年综合绩效排名中，上海、浙江、山东、贵州、广东位列前五名。四年综合绩效排名前50%的省级政府见表2—2，表明上述地区可以平稳且不间断地为社会供给数据，同时十分重视对政府数据进行持续开发和利用。总的来说，东南沿海地区的高分值地区更为密集，山东指数上升明显，与此同时，位于西部的贵州、四川也表现优秀。

整体而言，各地方政府在准备度、数据层和平台层这几个维度上都有不同程度的进步，但在利用层上还有一定不足，存在需改进和提升之处。2021年，在四个单项维度上，浙江在准备度和数据层上排名全国第一，山东在利用层上排名全国第一，上海在平台层上排名全国第一。在数据容量方面，山东的省域数据容量和省域有效数据集总数最高，浙江和广东的省域数据容量仅次于山东，其次是贵州、四川、北京等地。各地的开放数据集总量有着明显的差别，其中总量过千的地方接近1/5，然而仍有近半数地方政府的有效数据集开放量低于100个。①

---

① 复旦大学数字与移动治理实验室:《中国地方政府数据开放报告——省域(2021年度)》，2022年1月10日。

表2—1 2021年下半年省级政府数据开放综合指数排名

地方	准备度		平台层		数据层		利用层		综合指数	总排名
	指数	排名	指数	排名	指数	排名	指数	排名		
浙江	15.26	1	13.88	2	30.45	1	17.1	2	76.69	1
上海	12.39	2	15.12	1	26.73	2	16.5	3	67.75	2
山东	11.18	4	13.38	3	24.24	4	17.3	1	66.10	3
贵州	12.07	3	11.95	4	11.71	12	15.4	4	51.13	4
广东	7.54	6	10.54	5	25.78	3	5.1	10	49.26	5
四川	6.1	10	9.96	6	17.19	9	11	5	44.25	6
广西	9.87	5	8.69	7	21.23	7	3.6	11	43.39	7
北京	4.24	11	4.58	11	21.51	6	10.7	6	41.03	8
天津	6.13	9	5.4	10	21.73	5	7	7	40.26	9
福建	7.46	7	7.87	8	17.47	8	6.1	9	38.90	10
江西	7.3	8	4.5	12	13.56	10	6.2	8	31.56	11
宁夏	2.1	12	7.65	9	13.49	11	0.5	12	23.74	12

资料来源：开放数林指数网，经作者整理。

表2—2 2018—2021四年省级政府数据开放累计分值排名

地区	累计分值	排名
上海	268.39	1
浙江	255.99	2
山东	230.51	3
贵州	214.97	4
广东	201.04	5
北京	189.24	6
福建	127.19	7
河南	124.66	8
江西	117.94	9
四川	116.82	10
宁夏	82.29	11
广西	75.83	12

资料来源：开放数林指数网，经作者整理。

第二节　地方政府开放数据情况

评估开放数据情况，一般围绕数据的质与量、数据覆盖面和规范性等维度进行衡量。2021年，浙江、上海、山东、广东在开放数据情况方面表现较为突出。整体而言，目前我国地方政府开放数据量逐年提高、开放范围不断扩大，但市场和社会对开放数据的需求尚未得到充分满足，表现为数据容量整体偏低、数据质量不一、数据完整性参差不齐、数据覆盖面不均衡等问题。实时动态、高颗粒度、高容量数据集的开放少，数据供应的可持续性和后续运维存在短板。

一、数据数量

数据集总量反映了数据开放平台能够进行下载以及通过接口获得的数据总量。我国地方政府开放的数据集总量每年均有明显增幅，但不同地区在该维度上差别明显，有部分地方的总量过千，仍有近半数地方政府的有效数据集开放量低于100个，不能满足社会的基本实用需求。[①]数据容量是对平台上开放的可下载数据集的数据量和颗粒度的体现，总体而言，目前各地方政府数据集总量稳步增长，不过数据容量相对较小。到2020年10月，我国各地方政府一共开放了近10亿的有效数据集，与2019年同期相比增长约23%。然而，各地开放的数据

① 复旦大学数字与移动治理实验室:《中国地方政府数据开放报告——省域(2021年度)》，2022年1月10日。

容量大小差异显著。浙江与温州两地平台上开放的可下载数据集的数据容量已分别超过1亿，广州、佛山、贵阳等地开放的数据集数据容量较大，利用价值较高。但约43%平台开放的数据容量低于100万①，数据集行数与列数少，数据容量较低，无法被有效利用。

二、数据质量

在开放数据中，受到社会广泛关注、开放容量大的优质数据集数量体现了开放数据质量。关于优质数据集的范围，可依据数据下载量以及数据容量对此加以确定，《中国地方政府数据开放报告》对此做了明确界定。但实际开放优质数据集的平台比例不足半数，诸多地方平台虽然开放的数据量在扩大，但其中优质数据集却不多，相对来说优质数据集开放较多的为浙江省，然后是上海、温州等地区。部分平台存在数据容量低、更新不及时、难调用、碎片化等问题。目前上海、浙江等地方平台提供了应用程序接口，但仍存在调用困难、可用数据容量不足等问题。只有不到25%的地方平台能在上线后的每个季度都持续增加新的数据集。资料表明，过半数的地方政府在2020年下半年未在平台上传新的数据集，未实现对数据集的及时更新。②

总体而言，各地优质数据初现萌芽，但数据质量不一。部分地方政府实现了高质量的优质和实时开放，尤以贵州、上海等地为代表。但大多数地方的数据集质量偏低，表现为数据容量低、碎片化、颗粒大、非原始等问题。符合开放标准的高质量的原始、完整、未经人为

① 复旦大学数字与移动治理实验室：《中国地方政府数据开放报告（2020下半年）》，2021年1月10日。

② 复旦大学数字与移动治理实验室：《中国地方政府数据开放报告（2020下半年）》，2021年1月10日。

切割的数据集数量不足。部分地方政府开放的数据也表现出重复或无效、格式无法转化、不可机读等问题。此类存在问题或质量不佳的数据价值非常有限，难以被再次利用产生相应价值。

三、数据规范

目前各地数据标准逐步规范，但元数据完整性参差不齐。在数据的法律性开放上，北京、上海、贵州、广州等地通过授权协议保障了各类用户不受限制的获取、利用及传播数据的权限。但仍有部分地方平台开放授权的明确性不足，对用户的使用造成限制。就开放规范性而言，为开放的数据集进行分级分类的地方平台数量较少，只占总数的2成不到。开放授权协议日益受到各地重视，已有约54%的地方平台提供了数据开放授权协议。其中山东全省各地、浙江部分地区以及成都和无锡的开放方式更加先进，对单个数据集也专门进行开放授权。

就数据集的格式而言，约50%的平台使用的是可机读格式，约33%的平台使用的是非专属格式，约25%的平台使用的是RDF格式[①]。总体而言，各地方平台开放数据的可机读性、专属性、标准化程度明显提高，但部分地方平台仍出现数据集格式不一致、不满足可机读标准等问题。[②]就元数据完整性而言，为了让用户对数据进行有效应用，当前大部分地方平台都可对元数据进行提供。但各平台情况差异较大，在展示开放和更新时间、获取和下载指标、数据容量和分类等方面需要继续改进。

---

① 复旦大学数字与移动治理实验室：《中国地方政府数据开放报告（2020下半年）》，2021年1月10日。

② 黄如花：《我国政府数据开放共享标准体系构建》，《图书与情报》2020年第3期。

四、开放范围

总体而言，各地开放的数据覆盖面尚不均衡，统计数据数量最多但价值偏低。在开放主题方面，地方平台多以民生服务、工商信息为主，在城市建设、医疗信息、就业保障、文化服务等方面的覆盖度较低，广州、山东的开放数据集主题覆盖率最高。在部门覆盖率方面，各平台通常以统计部门开放的数据居多，其后是教委、卫计委、交通委等业务部门。统计部门提供的通常并非一手数据，属于经人工筛选加工后的数据，相比于业务部门发布的未经加工处理的原始数据价值通常较低。

就开放数据的覆盖性来看，目前约1/5地方平台的数据集能够对全部重要主题进行覆盖，仅有北京平台的数据集能够做到对全部重要部门进行覆盖。贵州、广州、山东等地的政府部门对数据开放的参与程度最高，大部分部门都开放了数据，但全国仍有近半数地方政府的部门参与度不到一半。从主题分布来看，社保就业是开放最多的数据集，开放较多的还有财税、民生和经贸等主题。就数据集来源而言，开放数据集数量最多的当数统计部门，居于第二位的是包含质监、工商等在内的市场监管部门。另外，住房和城建、人资与社保、教育和农业农村等部门的数据集开放程度也较高，开放数量也较大。未来需要对两种类型的数据集增大开放力度和数量，其一是关键数据集，仅有深圳、浙江和贵阳这几个地方对国务院和地方政策规章中要求重点和优先开放的所有5项关键数据集进行了开放；其二是常见数据集，仅有14%的地方平台对全部14项常见数据集完成了开放。[①]

---

① 复旦大学数字与移动治理实验室：《中国地方政府数据开放报告（2020下半年）》，2021年1月10日。

第三节　地方政府数据利用情况

数据利用情况包含了有效成果质量和数量、利用多样性及利用促进等内容，据此可展现政府进行数据开放所取得的效果。2021年在数据利用方面，上海、浙江、贵州、四川等地表现优秀。上述地区在政府引导赋能各类社会资源参与数据开发利用、营造创新氛围和生态系统等方面具备优良表现。

总的来说，我国地方政府开放数据社会化利用情况取得明显进展，各类促进措施的数量增多，直接结果是开发利用成果的丰富和社会参与度的提升。①但部分地区仍存在利用促进活动的持续性不足、形式单一、未形成规模效应，以及实际开放成果有限、与平台衔接不足等问题，显示出相关政策、平台等方面的配套措施不足，政府开放数据的社会化利用程度有待提升。伴随政府不断加大对数据的开放力度，来自各界的数据资源日渐丰富，还需针对各主体参与模式及渠道、相关配套保障等展开持续探索。

一、引导赋能

数据价值增值和利用创新是政府数据开放的最终目的。在数据开发促进上，国家提出“引导赋能”，指出各地政府不但要组织规模性的开放数据竞赛，还应积极组织各类引导赋能活动并将之发展为常规活

① 周文泓、向宇：《我国地方政府开放数据利用进展与优化策略研究——基于应用开发的调查与解析》，《电子政务》2019年第9期。

动，努力营造注重数据挖掘、利用和开发的社会文化。政府数据开放引导赋能活动形式以竞赛为主，兼有各类形式新颖的活动。开展竞赛通常要按照两种方式来划分赛道，一种是按作品类别划分为算法赛道和创新应用赛道，另一种是按数据及作品领域划分成医疗服务、社会民生、信息安全等赛道。另外除各类常见的竞赛活动，还包括专题课程、线上推介会等其他类型的活动。

表2—3展示了自2018年至2021年各地方政府组织的部分开放数据创新利用比赛情况，政府开放数据的社会化利用生态体系逐渐成熟。上海、北京、绍兴等地连续举办影响力较强的相关竞赛。竞赛类型包括综合性比赛，如各地举办的数据创新应用大赛，以及行业竞赛或专业竞赛，如图书馆类开放数据竞赛，上海已举办四届。另外浙江、山东等地的数据竞赛均设置地级市分赛区或分会场，扩大了竞赛的影响力和参与范围。

上海市连续多年在利用层单项排名第一，上海首创的开放数据创新应用大赛成为数据开放领域的品牌赛事。[①]大赛为参赛团队和个人提供相关软硬件支撑，借力社会资源征集数据创新和应用思路。政府提供创新创业平台，促进企业、社会、民众参与合作，实现数据开放者、开发者、需求者协同互动，释放数据创新活力。另外，多个地区举办了常态化、专业化的引导促进活动，推动相关项目落地。如上海组织数据创新项目申报宣讲会、项目征集会等多项活动，对八大部门的相关数据进行了整合，对超过300个数据项目进行了全面开放，实现为银行等金融机构赋能的目标。深圳市举办了2020开放数据应用创新大赛才企交流活动。浙江省建立金融数据服务平台，对信用贷款提供支

---

① 《数智赋能　焕新城市——2022SODA开放数据创新应用大赛在2022世界人工智能大会上正式启动》，上海市开放数据创新应用大赛网站，2022年9月7日。

持。[①]与之前相比，有更多地方举办了综合性的数据创新利用比赛和多种形式的引导赋能活动。目前近半数地方政府已组织过区域性的专业化数据利用促进赛事及活动，以及需求征集、互助交流、成果分享等形式多样的引导活动。[②]其中，浙江省、山东省与四川省举办的大赛在地市设置了分赛区，带动了全省的开放数据利用。虽然各个地区纷纷开展利用促进活动，但往往只是在某个时间段内组织此类活动，未做到持续组织相关活动，只有12%的地方基本实现持续性引导赋能。[③]

表2—3　各地方政府举办的部分数据创新利用大赛

地方	比赛名称
上海	上海开放数据创新应用大赛
深圳	深圳开放数据应用创新大赛
四川	数字四川创新大赛
成都	成都市开放数据创新应用大赛
海南	海南大数据创新应用大赛
贵阳	贵阳开放数据应用创新大赛
绍兴	绍兴市公共数据开放创新应用大赛

资料来源：各地政府数据开放网站，经作者整理。

二、开发成果

政府数据开放平台是展示数据开发成果的重要通道，也是普通用户获取数据产品与服务、了解政府数据开发利用情况的便捷窗口。参考各开放数据平台的划分标准，数据开发应用成果所属领域包括：生

① 复旦大学数字与移动治理实验室：《中国地方政府数据开放报告（2020下半年）》，2021年1月10日。

② 莫富传、张晓娟、冯翠翠：《政府数据开放多元主体共生的机理与SODA案例分析》，《情报理论与实践》2022年第11期。

③ 复旦大学数字与移动治理实验室:《中国地方政府数据开放报告——省域(2021年度)》，2022年1月10日。

活服务、交通运输、教育就业、医疗保障、环境保护、工商应用、城市建设等。开发主体主要有四类，其一是政府机构，其二是科研院所，其三是商业机构，其四是个人开发者。开发方式包括单一主体开发和多主体开发两种，前者是应用最多的开发模式，主导者多为地方政府机构或数据中心，后者虽然应用相对较少，但在实践中也发挥明显作用，是政府牵头、其他社会组织或商业机构协作的合作模式。

各地已上线应用在数量上表现出较大的差异，其中广东、山东等地开放数据应用最多，上海、北京、浙江等地的数据应用次之。在应用开发形式上，主要包含三种类型：一是对政府开放数据进行直接的开发和利用，成果主要表现为网页端应用以及移动App；二是社会机构或企业对政府数据加以优化和升级，比如银行等金融组织机构手机银行App为公众和企业提供贷款等便捷服务；三是以政府开放数据为依据，经过一定的加工和编辑，形成方案、策略或报告等各类文本。

在地方政府数据开放平台展示的有效开发成果数量方面，2020年以来各平台成果数量快速增长，上海市数量最多。但整体来看，地区间有效成果数量差异较大。在成果质量方面，数据开放平台展示的成果应与本地域的开放数据或生产生活相关，由社会主体开发，能够下载与使用，成果中应标注所利用的开放数据集。与2019年同期相比，各地在清理无关成果与不可用成果方面取得了一定进展，大部分地方平台展示了与本地数据相关的成果，超过半数地方平台展示的利用成果可获取、能使用，但仅有16%的地方平台为利用成果标注了有效数据来源。

就利用成果而言，对其评估需要关注开发主体、主题和形式是否体现广泛性和多样化特征。与2019年同期相比，各地展示的有效成果覆盖了更多主题与应用场景，涉及的领域从4个增长到10个。其中，交通出行领域的利用成果最多，约占有效成果总数的40%。[①]然而，当前数据利用主体仍较为单一，成果形式种类尚不丰富。在展示了有效成果的地方平台中，仅有少数地方吸引了两种及以上类型的利用者，各地展出的有效成果多为服务应用与创新方案两类，数据可视化与研究成果等其他形式的成果较为少见。

总体而言，地方政府在推进开放数据利用实践方面取得成效，对利用层的关注与投入明显提升，社会参与覆盖面不断扩大。但当前还有许多不足需要加以改进，比如促进利用活动缺少配套的支撑体系、开发利用成果质量不佳等问题。在推动开放数据社会化层面，地方政府还要不断优化相关策略，采取合理有效的措施，比如增加配套支持、营造参与文化、推动成果转化等。

综上，近年来我国地方政府数据开放进展迅速，地方政府数据开放平台数量和开放数据集呈现明显增长，数据资源开发和社会化利用程度不断提高。目前各地方政府数据开放绩效差异显著，上海市、贵州省、浙江省等地数据开放起步早且综合绩效持续保持领先，四川、广西、江西等地近年来绩效上升明显且综合表现优秀。上述地区在基础条件方面存在较大差异，但均取得了优秀的数据开放绩效，因此其建设思路可以为分析地方政府数据开放绩效影响因素和提升机制，推动我国资源基础和发展阶段不同的地区提升数据开放绩效提供方向。

① 复旦大学数字与移动治理实验室：《中国地方政府数据开放报告（2020下半年）》，2021年1月10日。

3

第 三 章

地方政府数据开放绩效影响因素及条件组态分析

- 样本选取和变量设计
- 数据分析与实证结果

本章基于《2021年下半年中国地方政府数据开放报告》的综合指数及各省份的客观数据，运用模糊集定性比较分析法，以我国上线政府数据开放平台的全部24个省级政府为样本进行组态分析，探究地方政府数据开放绩效的影响因素与组态路径。组态分析结果表明，地方政府数据开放绩效受到行政要素、市场要素和社会要素的协同作用，其中互动反馈情况是影响政府数据开放绩效的关键因素。政府数据开放高绩效的组态路径包括行政驱动型、产业驱动型、社会驱动型、综合驱动型四种。

第一节　样本选取和变量设计

本节主要呈现了定性比较分析操作过程中的样本选取，结果变量和条件变量的设计和数据来源，以及各变量的原始数据和校准后的模糊集隶属表。本书以我国已上线政府数据开放平台的全部24个省级政府为研究样本，实现了案例的全覆盖，符合“总体充分同质性下的最大异质性”的案例选择要求，且与定性比较分析法要求的10~40个中小样本数量相一致。在条件变量的选取方面，根据本书的研究框架，以文献综述为基础，选择6个条件变量，符合定性比较分析方法要求的中小样本多选用4~7个条件变量的要求。

一、样本选取

本书以我国上线政府数据开放平台的全部24个省级政府为样本，原因如下：第一，考虑到“总体充分同质性下的最大异质性”的案例选择要求，本书所选24个省份位于我国地理位置不同的行政区域，在数据开放整体绩效以及经济基础、科技水平、社会文化等基础条件方面差异明显，具备较强的代表性，契合了定性比较分析方法案例选择的基本要求。第二，从行政层级上看，省级政府是省内最高行政主体，作为连接中央政府和省内地市级政府的通道，发挥了承上启下的核心功能。市级政府隶属于省级政府，且省级政府在数据资源拥有量、决策能力、组织实施、财政资源上更有保障，所以省级政府数据开放平台建立时间通常早于地级政府，省级政府的数据开放规划、政策和实践指导地级政府数据开放工作。省级政府在数据开放工作上的职责不仅限于省本级，还包括对省内下辖地市的赋能、规范和协调，例如，制定省级法规和标准，统筹推进省内下辖地市开放优质数据集，促进省市平台间的互联互通，组织全省性的数据利用促进活动等。此外，基于资料丰富性和可得性，省级政府数据开放时间通常早于地市级政府，可供查阅的资料更加丰富和全面，可以更好地支撑本书的研究。第三，在样本数量方面，本书选择的24个样本数量符合定性比较分析法对中等规模样本在数量上10~40个的基本要求。

二、变量操作化及赋值

（一）结果变量

本书以地方政府数据开放绩效为结果变量，选择复旦大学与国家信息中心数字中国研究院发布的《2021年下半年中国地方政府数据开放报告》作为地方政府数据开放绩效的重要参考。该报告从2017年起连续发布，是我国首个专注于评估地方政府数据开放综合水平的专业报告和指数，影响力较高。该报告的综合指数测定包含准备度、数据层、平台层、利用层四个单项指数，较全面地评估了地方政府数据开放的综合绩效。本书选取2021年下半年省级政府数据开放综合指数作为结果变量。

就结果变量而言，本书将政府数据开放综合指数高于全部省份得分均值的视为政府数据开放绩效较高省份，将得分低于均值的视为政府数据开放绩效较低省份。根据这一划分结果，政府数据开放绩效较高的案例数是11，较低的案例数是13，如表3—1所示。整体而言，我国各省级政府数据开放绩效差距较大，地区发展水平不一。东部地区整体居于领先地位，上海、浙江等地发挥了其突出的“头雁效应”。中西部地区综合绩效相对较低，两极分化明显。贵州、四川等省份表现优秀，而青海、新疆、西藏等省份表现较弱。

表3—1　政府数据开放绩效较高组与较低组分布情况

政府数据开放绩效较高组	政府数据开放绩效较低组
上海、浙江、山东、贵州、广东、四川、广西、北京、天津、福建、江西	宁夏、重庆、海南、河南、安徽、江苏、湖北、河北、陕西、湖南、山西、青海、新疆

（二）条件变量

根据本书的分析框架，将条件变量设计为行政要素、市场要素、社会要素3个维度共6个变量，具体变量设计见表3—2。

1.行政要素

（1）政府准备度。本书将政府准备度作为政府进行整体规划和进行组织准备程度的测量指标。数据来源于《2021年下半年中国地方政府数据开放报告》中的准备度指数。该指数主要对数据开放法律政策及标准规范的制定、组织保障与推进实施等内容进行评价。

（2）财政资源。已有研究表明，充足的财政资源是政府数据开放绩效提升的必要基础。政府数据开放作为发展性领域，由于投资量大、建设时间长、收效不确定，对地方政府财政资源的要求更高，丰富充裕的财政资源是满足数据开放长期物质投入的基础。本书选用省级政府人均一般公共预算支出作为财政资源的测量指标，数据来源于《2021年中国统计年鉴》。

2.市场要素

（1）数据产业水平。数据产业的发展将形成对政府数据的巨大需求，推动政府积极开放数据。另外，数据产业作为数据开发利用的主体，可以有效挖掘数据的实用价值，所以数据产业水平是政府数据开放绩效的重要影响因素。本书选取各省大数据产业发展指数作为各地数据产业水平的衡量指标，资料来源于中国电子信息产业发展研究院发布的《2021年中国大数据区域发展水平评估白皮书》。

（2）数据开发成果。本书将对数据进行开发和创新利用产生的有效成果数量与质量作为数据开发成果的测量指标，数据来自《2021年下半年中国地方政府数据开放报告》中的利用层指数。利用层指数涉及对开放数据的利用促进活动的组织及效果，以及数据开发成果数量、质量、多样性等方面的评价。

3.社会要素

（1）公众需求。公民需求的强弱可以提供数据开放的方向和动力，对数据开放绩效具有重要影响。互联网普及率与政府数据服务水平和电子政务建设存在较强的相关性，所以可用于衡量公众需求。[①]本书选

① 马亮：《政府创新扩散视角下的电子政务发展——基于中国省级政府的实证研究》，《图书情报工作》2012年第56期。

择各省移动互联网用户数占人口总数的比例作为公众需求的测量指标。数据来源于《2021年中国统计年鉴》。

（2）互动反馈。数据开放平台是数据供给者与数据需求者进行互动对接的桥梁。本书将数据开放平台的数据获取便捷度、使用体验、平台与用户互动状况作为数据开放互动反馈情况的测量指标。数据来源于《2021年下半年中国地方政府数据开放报告》中的平台层指数。该指数对平台数据发布、互动交流、使用体验等内容进行评价。

表3—2　变量测量指标及数据来源

变量类型	变量名称	测量指标	数据来源
结果变量	政府数据开放绩效	政府数据开放综合指数	《2021年下半年中国地方政府数据开放报告》
条件变量	政府准备度	政府数据开放准备度指数	《2021年下半年中国地方政府数据开放报告》
	财政资源	人均一般公共预算支出	《2021年中国统计年鉴》
	数据产业水平	大数据产业发展指数	《2021年中国大数据区域发展水平评估白皮书》
	数据开发成果	政府数据开放利用层指数	《2021年下半年中国地方政府数据开放报告》
	公众需求	移动互联网用户数占人口总数的比例	《2021年中国统计年鉴》
	互动反馈	政府数据开放平台层指数	《2021年下半年中国地方政府数据开放报告》

根据变量测量指标及数据来源，得到24个省级政府结果变量及条件变量的原始数据，见表3—3（为保证数据校准的精确度，此处均选用原始数据，未统一小数点后位数）。

表3—3　条件变量和结果变量的原始数据

省份	条件变量						结果变量
	政府准备度	财政资源	数据产业水平	数据开发成果	公众需求	互动反馈	政府数据开放绩效
上海	12.39	26.73	32564.7508	16.5	1.35	15.12	70.74
北京	4.24	21.51	32508.8168	41.73	1.5	4.58	41.03

续表

省份	条件变量						结果变量
	政府准备度	财政资源	数据产业水平	数据开发成果	公众需求	互动反馈	政府数据开放绩效
浙江	15.26	30.45	15587.5232	17.1	1.09	13.88	76.69
广东	7.54	25.78	13807.66	5.1	1.13	10.74	49.26
贵州	12.07	11.71	14876.8792	15.4	0.93	11.95	51.13
山东	11.18	24.34	11051.1756	17.3	0.86	13.38	66.10
宁夏	2.1	13.49	20532.0388	0.5	0.99	7.65	23.74
江西	7.3	13.56	14768.9312	6.2	0.8	4.5	31.56
河南	1.5	12.49	10434.232	0.5	0.88	3.84	18.33
天津	6.13	21.73	22720.62	7.0	1.07	5.4	40.26
四川	6.1	17.19	13425.8962	11	0.9	9.96	44.25
江苏	1.4	1.32	16139.6131	6.8	0.99	1.92	11.44
海南	4.63	3.61	19490.7115	6.2	0.95	4.62	19.06
福建	7.46	17.47	12536.8902	6.1	0.96	7.87	38.9
湖南	0.8	0.14	12645.7938	1.5	0.87	3.23	5.67
广西	9.87	21.23	12312.1538	3.6	0.96	8.69	43.39
河北	0.7	3.53	12104.6284	4	0.95	2.25	10.48
甘肃	0.7	3.55	16646.9412	2	0.92	3.43	9.48
安徽	3.43	1.99	12241.7527	2	0.82	5.1	12.51
陕西	6.66	1.5	12922.5537	24.89	0	0.98	2.8
湖北	4.91	5.02	15420.7854	32.29	0	0.83	1.68
重庆	5.03	11.93	15250.7012	5.6	0.97	4.78	27.34
新疆	2.13	0.8	21363.5521	14.29	0	0.91	0.64
青海	4.8	0.8	32594.2664	12.6	4	0.98	0

（三）变量校准

定性比较分析要求对变量进行校准，使之拥有集合隶属关系，校准后集合隶属度介于 0~1。研究者需要确定体现变量中间程度的取值，并确定定性锚点，即完全隶属、完全不隶属和交叉点。[①]对交叉点的选择，本书借助 Tosmana 软件的建议值，并结合研究资料的实际情况最终确定。对“完全隶属”和“完全不隶属”两个锚点的选择，参照既有研究，选取样本数据的95%和5%分位数，将样本数据的均值设定为交叉点，并根据实际情况调整。[②]校准锚点见表3—4。(为保证后续校准的精准度，此处未统一小数点后位数)

表3—4 结果变量与条件变量的校准锚点

变量名称	完全隶属	交叉点	完全不隶属
政府数据开放绩效	70.044	25.54	4.8165
政府准备度	12.342	4.83	0.715
财政资源	32556.3607	15063.7902	11209.1935
数据产业水平	53.6485	27.245	14.494
数据开发成果	17.27	5.35	0.01
公众需求	1.317	0.955	0.8215
互动反馈	13.805	4.7	0.796

变量校准通过fs QCA3.0软件完成。[③]本书采取连续模糊集确定隶属程度，利用软件提供的校准函数calibrate(X、n1、n2、n3)对原始数据进行模糊集合校准。X为变量，n1是字值对应目标集合中完全隶属的阈值（模糊分数为0.95），n2是交叉点的阈值（模糊分数为0.5），n3是字值对应目标集合中完全不隶属的阈值（模糊分数为0.05）。在三个锚点基础上确定案例各变量的模糊集隶属度，校准后的模糊集隶

① 张摇明、杜运周：《组织与管理研究中 QCA 方法的应用：定位、策略和方向》，《管理学报》2019 年第 9 期。

② Rhys Andrews，Malcolm James Beynon，Aoife McDermott，“Organizational Capability in the Public Sector：A Configurational Approach”，*Journal of Public Administration Research and Theory*，Vol.26，No.2，2016，pp.239-258.

③ 定性比较分析包括清晰集定性比较分析 (cs/QCA)、模糊集定性比较分析 (fs/QCA) 和多值集定性比较分析 (mv/QCA)。相比而言，fs/QCA 对于变量具体程度的锚定更为精细，为保证研究的精确度和可比性，本书选用此方法进行分析。

属表见表3—5。

表3—5 结果变量及条件变量的模糊集隶属表

省份	条件变量						结果变量
	政府准备度	财政资源	数据产业水平	数据开发成果	公众需求	互动反馈	政府数据开放绩效
上海	0.95	0.95	0.91	0.94	0.96	0.97	0.95
北京	0.39	0.95	0.96	1.00	0.99	0.48	0.74
浙江	0.98	0.52	0.92	0.95	0.75	0.95	0.97
广东	0.75	0.27	0.97	0.46	0.81	0.88	0.83
贵州	0.95	0.46	0.51	0.93	0.36	0.92	0.85
山东	0.93	0.04	0.87	0.95	0.11	0.95	0.94
宁夏	0.12	0.72	0.06	0.06	0.57	0.73	0.44
江西	0.73	0.44	0.40	0.55	0.03	0.46	0.60
河南	0.08	0.03	0.50	0.06	0.16	0.34	0.26
天津	0.63	0.79	0.58	0.60	0.72	0.56	0.73
四川	0.62	0.22	0.75	0.81	0.23	0.85	0.78
江苏	0.08	0.55	0.93	0.59	0.57	0.11	0.11
海南	0.46	0.68	0.10	0.55	0.47	0.48	0.28
福建	0.74	0.12	0.80	0.55	0.51	0.74	0.71
湖南	0.05	0.13	0.35	0.10	0.13	0.24	0.05
广西	0.88	0.11	0.28	0.27	0.51	0.79	0.77
河北	0.05	0.09	0.28	0.32	0.47	0.13	0.10
甘肃	0.05	0.57	0.07	0.13	0.31	0.27	0.09
安徽	0.26	0.1	0.50	0.13	0.05	0.53	0.13
陕西	0.08	0.16	0.36	0.05	0.55	0.19	0.06
湖北	0.52	0.52	0.64	0.05	0.06	0.09	0.05
重庆	0.52	0.51	0.50	0.52	0.53	0.51	0.53
新疆	0.05	0.75	0.05	0.05	0.27	0.04	0.03
青海	0.05	0.95	0.03	0.32	0.55	0.03	0.05

第二节　数据分析与实证结果

本节呈现了运用fsQCA3.0软件进行必要条件分析和组态分析的过程和结果。在必要条件分析结果中，除互动反馈变量高于0.9外，其他条件变量一致性均低于阈值0.9。这说明互动反馈可能是影响政府数据开放绩效的必要条件。在组态分析结果中，存在5种不同的组合路径。组态分析的总一致性和覆盖度均高于临界值，表明分析结果有效。根据条件的不同组合，本书将5种组态归纳为4种路径，分别为行政驱动型、产业驱动型、社会驱动型、综合驱动型，并对各条件变量在不同路径中的协同作用方式加以分析。

一、必要条件分析

在条件组态分析前，需明确各条件变量是否为结果变量的必要条件。一致性大于0.9的条件变量被视为必要条件，说明该变量可独立解释结果变量，小于0.9表示该变量需要同其他变量一起解释结果变量。本书利用fsQCA 3.0软件求解结果存在情况下各条件变量的一致性（所有案例在多大程度上共享导致结果发生的某个条件组合）与覆盖度（条件组合在多大程度上解释结果的出现），分析结果见表3—6。

表3—6　必要条件分析

条件变量	一致性	覆盖度
高政府准备度	0.880	0.890
低政府准备度	0.414	0.350

续表

条件变量	一致性	覆盖度
高财政资源	0.587	0.611
低财政资源	0.706	0.583
高数据产业水平	0.819	0.735
低数据产业水平	0.467	0.442
高数据开发成果	0.833	0.842
低数据开发成果	0.463	0.392
高公众需求	0.698	0.723
低公众需求	0.611	0.507
强互动反馈	0.942	0.851
弱互动反馈	0.400	0.376

结果显示，除互动反馈变量高于0.9外，其他条件变量一致性均低于阈值0.9。这说明政府与社会互动反馈情况可能是影响政府数据开放绩效的必要条件。即优化数据开放平台和功能，提高用户对数据发现和获取、互动反馈等体验，是政府数据开放绩效提升的必然要求，这也与政府数据开放强调的需求导向和服务导向相吻合。中国地方政府数据开放实践也表明，政府数据开放的深入推进离不开公众的参与，政府与社会沟通网络的拓展、有效联结通道的建立和交互能力的提升有利于“建立信任机制、扩大共识、降低合作成本”①，进而推动数据开放的良性运行。互动反馈是政府数据开放主体及时掌握社会需求、发现偏差并进行修正的有效机制，体现在公众使用政府数据开放平台的全过程以及政府主体回应社会反馈、依申请开放数据以及探索合作参与途径等过程中。因此，社会资源作用的发挥要求地方政府关注主体交互能力的提升，构建开放对话和协作共创的有效机制，使政府开放数据得以有效运转和持续优化。

① 贺东航、孔繁斌：《公共政策执行的中国经验》，《中国社会科学》2011年第5期。

除互动反馈外，其他单一变量均不能独立解释结果变量，即不构成影响政府数据开放绩效的必要条件。这反映了影响因素的复杂性，所以应综合分析各条件变量对结果变量的联动作用，进行组态分析。

二、条件组态分析

本书采用fsQCA3.0软件进行条件组态分析，获取复杂、简约和中间解三种条件变量的组合方式。考虑到方案的简洁与覆盖性，本书选用复杂解对案例数据进行分析。通过真值表分析，得到用以解释政府数据开放绩效的条件组态，运用拉金提出的结果呈现方式（见表3—7），展示各条件在不同组态中的相对重要性。表中每一列代表一种可能的条件组态。

表3—7　条件变量的组态分析结果

条件变量	组合1	组合2	组合3	组合4	组合5
政府准备度	√	√	√	√	×
财政资源	○	×	×	×	√
数据产业水平	√	√	×	○	×
数据开发成果	√	√	√	×	×
公众需求	√	○	×	√	√
互动反馈	√	√	×	√	√
一致性	0.998	0.998	0.980	0.978	0.802
原始覆盖度	0.519	0.516	0.268	0.322	0.250
唯一覆盖度	0.151	0.121	0.014	0.031	0.036
解的一致性	0.92636				
解的覆盖度	0.78552				

注："√"表示该条件出现，"×"表示该条件未出现，"○"表示该条件对结果变量无关紧要。

表3—7显示，影响政府数据开放绩效的条件变量组合是多样的，

存在5种不同的组态路径。条件组态分析的总一致性为0.92636，说明在符合5种条件变量组合的案例中，92.64%以上的省级政府数据开放可以达到高绩效。总的覆盖度为0.78552，表明5种影响变量组合可解释78.55%取得较高政府数据开放绩效的案例。总一致性与总覆盖度均高于临界值，表明实证分析有效。基于条件组合及理论分析，可将5种组态归纳为4种路径，以下对各条件变量在不同路径中的作用进行解释。

（一）综合驱动型

综合驱动型指实现了行政要素、市场要素和社会要素作用的协同发挥，省级政府既加强自身对数据开放工作的推动、引导和规制，持续、稳定地向社会提供优质数据，同时利用本地科技优势、市场优势和产业基础，促进开放数据的创造性开发和深度应用，并主动接受社会的监督和反馈，为社会主体参与提供政策和平台保障，实现政府数据开放在行政准备、创新开发、主体互动等维度的均衡发展。综合驱动型对应表3—7中的组合1，表明政府数据开放高绩效需要多要素协同发挥作用，符合这一模式的地区通常综合实力较强，如上海、浙江、天津等地。这一路径能够解释51.9%的高绩效政府数据开放案例，且15.1%的案例仅能被这一路径解释。

（二）产业驱动型

产业驱动型对应表3—7中的组合2。产业驱动型指地方政府发挥数据产业的吸引力，集聚市场创新资源，为政府数据开放和利用提供了市场和技术支撑，有助于实现数据价值挖掘和深度开发，产生大量的创新成果，成为数据开放高绩效的有力牵引。对于经济水平、社会需求不足的地方政府来说，发挥本地数据产业基础、吸纳市场创新资源，有效提高数据开放成果的数量、质量和多样性，成为产业驱动型地区取得数据开放高绩效的关键，如山东、四川、贵州等地。这一路径能够解释51.6%的高绩效政府数据开放案例，且12.1%的案例仅能被这一路径解释。

（三）行政驱动型

行政驱动型对应表3—7中的组合3。行政驱动型是指省级政府通过建立和完善法规政策体系、制定标准规范、组建数据管理机构、创新协调机制等方式，发挥行政要素强有力的引导和支撑作用，推动数据开放实践高效有序进行。行政驱动型的省级地方政府或许在财政资源、数据产业基础、社会需求和互动参与方面不具备优势，但凭借政府的清晰规划、积极引导和有力支持，也可以克服其他条件的限制，取得政府数据开放高绩效。这一路径能够解释26.8%的政府数据开放高绩效案例，且1.4%的案例仅能被这一路径解释，代表省份为江西省。

（四）社会驱动型

社会驱动型是指地方政府作为数据要素供给方，积极关注和响应公众需求，通过多种平台和渠道，为公众表达需求、使用数据和参与互动提供便利，培养社会公众参与开放数据的意识和能力，建立社会参与的保障体系。社会驱动型地方政府在经济水平、产业基础等方面可能不具备明显优势，但依靠社会要素驱动可以实现数据开放的高绩效。社会驱动型对应表3—7中的组合4和组合5，代表省份为宁夏、广西。

三、稳健性检验

为排除交叉点选择对结论的影响，本书调整了结果变量的赋值方式，对结论进行稳健性检验。通过上调数据开放绩效的判定标准，适当提高交叉点的取值再进行分析。将结果变量的交叉点取值调整至26后，得出的结论与此前基本一致。在必要条件分析结果中，仅互动反馈一项变量的一致性依然超过0.9。组态分析结果中，得到的组态解由5种变为4种，检验结果与此前结果具有清晰的子集关系，即所得组态与调整前的组态具有一致的内在解释机制。总覆盖率为74.7%，能解释74.7%的高水平数据开放绩效案例。总一致性达到92.6%，与之前相比有所提升。因此，可以判断组态分析结论是基本稳健的。

综上，本章运用定性比较分析，以我国已上线政府数据开放平台的全部24个省级政府为样本进行了组态分析，得出政府数据开放绩效的关键影响因素和4种高绩效组态路径。本章实现了对现有样本的全覆盖，同时对各地政府数据开放的最新客观数据进行分析，且结论基本稳健，体现了研究的代表性、客观性和实时性。本章通过定性比较分析的逻辑简化直观地展现了政府数据开放高绩效各类条件组态的等效性，为进行因果推断提供了数据支撑。但定性比较分析得出的集合关系必须与对因果机制的论述相结合，才可以完成完整的因果分析。而案例研究方法由于擅长分析“怎么样”和“为什么”，通过回溯和追踪典型案例的具体细节和发展过程，在探寻因果机制方面可以与定性比较分析有效互补。因此本书将定性比较分析的组态结果作为第四章案例选择的依据，在此基础上对典型案例进行回溯、分析和比较，在差异性的路径中进一步寻找共性规律，以增强本研究的因果推断力。

4

第 四 章

政府数据开放高绩效典型案例分析

- 综合驱动型——以上海市为例
- 产业驱动型——以贵州省为例
- 行政驱动型——以江西省为例
- 社会驱动型——以广西壮族自治区为例

定性比较分析对数据进行分析的关键意义是帮助研究者进行案例比较，打开政治运行过程的黑箱。研究者需要以定性比较分析的结果为依据返回具体案例中，梳理和回味案例发生与发展过程中的重要事实。[①]定性比较分析的组态结论引导我们进一步揭示案例内部的细节和各类路径的显著特征，因此更加专注于解释产生某一结果的因果机制。[②]本章以第三章运用定性比较分析得出的结论为基础，对四种路径下的典型案例进行分析，深入回溯和描绘案例的具体特征、发展过程、关键要素及作用机制，以增强对因果关系的解释力。本章基于典型性和异质性进行了案例选择。在典型性方面，所选案例包含了数据开放高绩效的全部四种路径，为后续进行比较研究提供了可能。另外，本研究考虑了案例间的异质性，以最大限度地分析不同基础要素条件下各影响因素对结果的解释路径。具体而言，四个案例在经济水平、技术基础、社会环境等资源基础方面存在明显差异，均通过不同路径实现了绩效突破，其建设经验可以为我们总结提炼地方政府数据开放高绩效实现的基本规律以及推动其他各类地区数据开放绩效提升提供思路。

① 参见〔比〕伯努瓦·里豪克斯、〔美〕查尔斯 C. 拉金著，杜运周、李永发等译：《QCA 设计原理与应用：超越定性与定量研究的新方法》，机械工业出版社 2017 年版。

② 参见〔比〕伯努瓦·里豪克斯、〔美〕查尔斯 C. 拉金著，杜运周、李永发等译：《QCA 设计原理与应用：超越定性与定量研究的新方法》，机械工业出版社 2017 年版。

第一节　综合驱动型——以上海市为例

上海是中国最早进行政府数据开放的地区，是地方政府数据开放的探路者和引领者。上海市政府数据开放综合指数在2018—2021年四年累计达到268.39①，在全国省（直辖市）级政府中排首位，表明其能够持续开放高质量的政府数据，并取得了丰富的数据利用成果。上海作为国际经济中心和科技创新中心，具有经济基础、科技实力、产业生态、基础设施等先发优势，凭借先导性的行政激励、先进的技术开发水平、积极的社会参与之间的联动作用，形成了行政要素、市场要素和社会要素共同发力的综合驱动路径。由于同时具备强大的外部驱动力与行政支撑力，上海市政府数据开放绩效在各维度全面领先。

一、发展基础：综合实力优势明显

上海是国际经济中心、科技创新中心、贸易中心，地区发展基础和综合实力全国领先，成为其推动数据开放的重要基础。上海强调提升经济与社会的发展质量，通过优化资源配置，引导和鼓励高端产业和技术创新，加大科技研发投入，成为中国的开放门户和具有相当影响力的科技枢纽和创新中心，为政府数据开放提供了坚实基础和优渥土壤。

---

① 复旦大学数字与移动治理实验室:《中国地方政府数据开放报告——省域(2021年度)》，2022年1月10日。

（一）经济水平和财政水平领先全国

作为我国经济中心，上海经济实力始终领先全国。党的十八大以来，上海积极响应国家号召，致力于现代化经济体系构建，在加快经济发展的同时，也实现了综合实力的突破性提升。2021年上海GDP居全国城市首位，达到4.32万亿元，相比于2012年的2.13万亿元增长了约一倍。人均GDP增至2.69万美元，持续领先全国。[①]2021年全国财政支出总体偏弱的背景下，上海以超8000亿元的地方一般公共预算支出体量登顶，遥遥领先于其他地区。[②]上海在科技领域的投入也始终走在前列，为打造数字化、智慧化城市提供了科技支持，也为政府数据开放提供了强大财力保障。

（二）科技实力居全国榜首

根据《2021上海科技进步报告》，上海综合科技进步水平稳居全国第一，全球创新指数位列全球第八。2021年，上海科技投入稳步增长，承接国家重大任务数量领先全国。全社会研究与试验发展经费投入1700亿元，相当于全市GDP的比例为4.1%左右。上海承担的国家重大专项项目、重点研发计划以及国家自然科学基金委项目数量均领先全国。[③]

作为国家的战略科技力量，党的十八大以来，上海建设首批综合性国家科学中心、国家三大实验室。张江科学城标杆地位加速提升，科学城面积由95平方千米扩大至220平方千米，首轮73个“五个一批”项目陆续建成投用，第二轮82个项目超过半数已完工，第三轮102个项目全面启动。高能级创新平台加快集聚发展，长三角国家技术创新

---

① 《上海：加快建设社会主义现代化国际大都市》，《人民日报》2022年8月9日。

② 《中国城市财政支出：上海总量人均双领跑，杭州财政自给率最高》，澎湃，2021年3月17日。

③ 《研发投入强度达4.1%，与全球重要科创城市相当》，《文汇报》2022年1月20日。

中心挂牌成立，组建上海集成电路材料研究院、上海处理器技术创新中心等高水平研究机构，筹建国家技术创新中心，建设新型人工智能平台。在基础研究方面，2021年上海科技工作者和研究机构在国际顶尖学术刊物发表论文107篇，占全国总数的29.8%。[①]在复旦大学、上海交通大学和中科院上海分院全国率先试点建设研究特区，在选题、资金、项目、组织等方面拥有自主权，进行基础前沿研究。另外，上海着力发展数字孪生城市、大数据等前沿技术，全市各类研发与转化功能型平台集聚大量人才。[②]

（三）产业创新能力雄厚

在产业结构方面，上海产业体系中，战略性新兴产业的支撑作用明显，现代服务业发展迅速。在吸纳外资方面，上海凭借其高质量发展基础和优越的产业环境成为中国具有最高吸引力的投资热土，成为国际企业和跨国公司布局产业链条的优先选择地区。

在产业创新能力方面，2021年上海高技术产业产值5369.99亿元，占工业总产值比重19%，战略性新兴产业总产值较2020年增长15.1%。创新环境进一步优化，新增科技小巨人企业153家，累计超2498家。新认定高技术企业4014家，有效期内高企数超2万家。另外上海建设各类创新创业载体超500家，在全国双创示范基地、国家级科技园区、众创空间和科技孵化器的建设数量上均保持明显领先。[③]

（四）基础设施完善程度高

上海秉承以人民为中心的城市建设思路，致力于打牢城市基础设

① 上海市科学技术委员会：《2021上海科技进步报告》，2022年1月20日。
② 《上海跻身全球最佳科技集群前列》，《解放日报》2022年9月23日。
③ 上海市科学技术委员会：《2021上海科技进步报告》，2022年1月20日。

施，增进人民群众生活便利度和福祉，覆盖城乡的基本公共服务均等化全面实现。经过最近几年的持续推动，高效实用、便捷可靠的新型基础设施和城市公共服务体系已经构建，为上海市社会公众有效参与政府数据开放和利用提供了基础支撑。

第一，“新网络”建设迈上新水平。一是5G网络向深度覆盖迈进。累计建设5G室外宏基站5.4万个，5G基站密度达7.6个/平方千米，5G终端用户数达到1300万户，占比29%。加快推进两大机场、地铁等58个重点场所深度覆盖，区域内5G信号无盲区、下载速率400Mbps以上。2021年上海“双千兆”网络供应情况、用户数量和应用成果均有提升，获评“千兆城市”。二是电子政务网升级换代。完成市级电子政务外网升级改造，实现100G带宽、IPv4/IPv6双栈支持能力，整合人社、民政等14个业务专网，为上海“一网通办”“一网统管”建设提供了更加集约高效的光传输网络通道。[①]

第二，城市公共文化设施优化建设。一是上海率先建设多种类型的公共文化空间，推动城市文化设施项目建设。市图书馆东馆、少儿图书馆等文化设施建成开放，作为一批有温度且实用的公共设施，为城市居民日常休闲和获取资讯提供了便利。上海率先尝试根据居民实际需求和出行安排，错时或延时开放公共文化设施，探索全新的公共文化场馆收费方式和服务模式，体现了对公众需求和使用感受的人文关怀。二是在数据化背景下，为解决特殊群体面临的“数字鸿沟”困境，上海探索适合老年人等特殊群体的便捷化数据服务和智能应用，使数据资源和文化服务能够满足远郊地区居民、老年人和残疾人等特殊群体的需求。

---

① 《“新基建　大空间”之一：上海全面发力新基建　着力扩大精准有效投资》，国家发展和改革委员会网站，2022年6月22日。

综上，上海在经济基础和财政实力、科技水平和产业生态、公共基础设施建设等方面拥有先发优势，为政府数据开放提供了必要基础。上海市政府发挥其先导优势，发挥行政要素的规制和引导作用，在制度建设和组织保障方面进行探索，同时鼓励和支持其他主体发挥协同作用，推动市场主体和社会公众参与数据资源深度开发与创新，回应社会公众的需求并探索合作参与模式，形成了多要素协同的综合驱动模式。这一路径实际上也是地方政府在地区综合能力持续提升、数据开放阶段不断成熟后，实现真正对标世界最高水平、持续纵深发展目标的理想途径。

二、发展过程

上海是中国政府数据开放的先驱者，引领了中国地方政府数据开放进程。上海市政府数据开放实践可划分为先行探索阶段、纵深发展阶段两个阶段。第一阶段，在国家层面尚未提出数据开放的情况下，上海于2012年率先开始探索政府数据开放。在国内完全无经验可循的条件下，上海参考国外先进案例进行了初步探索。2015年，国家层面提出政府数据开放后，上海进一步完善顶层设计和政策基础，首创多项引导赋能活动，推动数据创新应用。同时关注公众数据参与意识和能力的提升，提高了社会参与感和接受度。这一阶段上海市数据开放各项基础建立，数据开放成效初步显现。第二阶段，经过多年探索，上海政府数据开放在各项指标上均领先全国，对标世界进入纵深发展阶段。2018年以来，上海继续发挥“头雁效应”，进一步打造了更加安全的数据治理体系、广泛的应用场景、融通的开放生态、活跃的创新集群，政府数据开放走向纵深，数据开发利用成果显著。

（一）先行探索阶段（2012—2018年）

上海市政府数据开放呈现出地方自主探索、自下而上的发展特征。在国家还没有任何政策指示的情况下，上海市政府基于本地经济社会发展水平和信息化程度提升要求，自发探索数据开放工作。在国内无经验可循的情况下，上海提出数据全开放的定位，进行了多项开创式探索，引领了全国政府数据开放进程。上海市政府主要领导对数据开放工作给予高度关注，要求上海对标发达国家启动数据开放工作，保障了相关工作执行的优先性。上海建设了我国首个地方政府数据开放平台，并率先编制数据开放实施意见及数据资源目录，明确政府数据资源开放范围、完善开放渠道、推动开发利用的目标，从财政资金、组织协调、监督评估等方面提供支撑和保障。

2012年，上海市政府数据服务网建设完成，成为中国首个数据开放网站。网站的名称体现了其提供数据服务的理念，网站上线后引起强烈反响，运行首月访问量达35万人次。上海市经信委提出，开放只是一种手段，关键是促进信息服务业的发展，即同时关注数据服务和数据应用。同年，上海市开始政务数据资源目录编制，建设三大基础数据库，并以科技创新、城市服务为核心，建设了多个跨部门和区域的数据和信息平台。①

上海市政府数据服务网建成后，确定了九个试点部门，包括交通委、商务委、卫计委、公安局、工商局、住房保障局、国土资源局、交通港口局、统计局。这些部门主要涉及城市建设、交通出行、民生服务、市场监管等领域，率先探索可推广的数据开放经验。平台首批提供的试点部门开发数据集超200个，包括交通运输、社会服务、政

---

① 《上海市率先在全国推进政务数据资源共享和开放》，《信息系统工程》2015年第6期。

府管理、审计调查、农业经济等领域，基本覆盖了公民关注度高、与日常生活密切相关的数据领域。

直至2015年，国家层面正式提出推进政府数据开放，在此契机下上海启动政府数据开放规划工作，出台实施意见和管理办法，连续发布数据开放年度工作计划，完善顶层设计和制度基础。上海作为国内首个制定数据开放工作计划并向全社会公开的地方，自2014年起每年发布《上海市公共数据资源开放年度工作计划》，使相关部门明确年度计划和具体目标，保障了工作效率。在《2018中国地方政府数据开放报告》对法律法规、政策文件、新闻报道等数据开放准备度层面的评估中，上海排名全国第一，反映出其为数据开放提供了有效制度支撑。

在数据开发方面，上海发挥其作为我国最重要的技术创新中心、高技术产业集聚区和区域研发中心的先导作用，利用其科研环境稳定、引才能力强大的优势，以提高核心竞争力、建设数据科技创新中心为目标，重点引进和培育高端数据人才。另外，上海重点关注推进数据的开发和创新，首创多种类型的引导赋能活动，在国内首创将数据作为公共资源提供给社会，吸收市场和社会资源参与数据开发，一次集聚人才、引入资金、助推创业带动就业的创新应用模式，探索了全新的发展路径，数据创新应用成果显著，为其他地区提供了重要参考。在数据利用方面，上海发挥其移动互联网覆盖面广、公民素质高、参与意识强的优势，提供各种形式的培训，提高社会公众了解和利用政府数据的技能，为推动后续的社会深度参与奠定了基础。在鼓励社会参与方面，上海开设培训课程、建设惠民数据基础设施，致力于培养全体公民的数据使用能力和电子技术应用能力。在需求调查方面，上海分类收集公众需求，确保公民有意义地加入讨论，保障了公众参与感和政府开放数据的普惠性。

因此，上海在数据开放先行探索阶段，在国内完全无经验可循的情况下，发挥其国家经济中心、科技中心的先导地位，参考国外优秀案例，在政策供给和组织保障、建设数据创新中心、培育社会参与意识和氛围方面积极探索，引领了中国政府数据开放进程，推动了中央政策的制定，为其后续工作打下了基础。上海在《2017中国地方政府数据开放平台报告》中综合指数排名第一，在政策准备、数据开放数量和质量、平台建设、开发利用、互动反馈方面均有出色表现，为我国其他地区积累了重要经验。在此基础上，上海市经信委进一步提出下一阶段推动数据赋能、打造创新集群、建设开放生态的行动方向。

（二）纵深发展阶段（2018—2022年）

经过多年努力，上海市政府数据开放取得显著成效。2018年上海市经信委提出，未来上海将更有力地发挥数据开放的“头雁效应”。一是持续打造更加安全的数据治理体系，在健全法规体系、标准体系、监管体系等方面优化形成上海方案；二是打造更加泛在的超级场景。推动更大规模场景的数据开放，让数据赋能千行百业、深入千家万户；三是持续打造更加融通的数据开放生态，打造更加活跃的数据创新集群，吸引科技企业集聚、鼓励科技工作者在基础理论、关键技术等应用领域取得突破性的成果。①上述探索使上海市政府数据开放真正对标世界，走向纵深发展。上海市政府数据开放综合指数连续四年排名全国首位，同时在各单项指标上均有出色表现。

这一阶段，上海在推行公共数据分级分类开放、加强数据利用和安全管控、促进多元主体合作等方面建立起较为全面的政策体系。上

① 《上海：加快布局新赛道　建设更具国际影响力的人工智能高地》，《上海证券报》2022年9月1日。

海发布中国首部专门针对数据开放的地方政府规章，在数据开放立法方面进行首次尝试。在标准化建设方面，上海首次对数据进行分级分类，推动实现数据精细化开放和分类管理，保障数据开放效率和质量。率先建立平台运维、接口调用、技术操作、数据库建设等标准规范，推动了市区两级数据开放一体化。

在数据开发方面，上海市除连续举办数据创新大赛等引导赋能活动外，在全国率先开展大数据联合创新实验室建设，致力于推动融合创新，发挥产学研用的协同优势，各类数据开放创新应用成效已初步显现。在数据利用方面，上海首次在法律层面确定开展用户参与。在实践中，积极提供渠道促进社会对数据利用情况进行反馈，挖掘其反馈价值。同时激励公众以平等合作的方式识别、汇聚、更新、分析高价值数据，参与数据的聚合、增值、开发、赋能，公众参与能力和自主性不断提升。

上海市政府在这一阶段继续根据本地发展基础和实践需求，在法规政策、标准化建设、生态培育、社会合作参与方面进行主动突破，保持了其全国领先优势，并以对标世界一流地区为目标，在数据要素市场培育、社会深度参与等方面进行持续探索。随着数字经济的蓬勃发展，数据本身对技术进步和经济发展的推动作用日益突出，数据成为加快经济社会发展质量变革的重要引擎。上海提出，未来将加快推动在线新经济和数据要素市场建设，以实现全面开放为目标，从需求侧出发，推进政府数据开放供需对接和匹配，强调服务目的和结果导向，进一步提高数据开放与利用成果的价值和质量。

三、路径选择：多要素联动作用的发挥

上海是综合驱动路径的典型代表，其发展特征无论是在制度、组织、财政等行政支撑力层面，还是在产业创新、社会参与等外部驱动

力层面，均有优秀均衡的表现。上海除具备稳定的行政要素支撑外，还拥有领先全国的高技术企业、创新中心和人才队伍，且居民综合素质较高、数据参与意识和能力强，他们在政府数据开放中发挥了外部驱动、数据利用、行政监督、价值创造等重要功能。上海通过促进资源集成和加强主体互动，将外部驱动力与内部支撑力形成强大稳固合力，以此使上海在数据开放过程中始终保持领先优势。这一路径代表了政府数据开放绩效最高的部分省区，是政府数据开放的理想路径。

（一）行政要素的有效支撑

上海作为中国政府改革和创新的先驱，具有很强的创新敏锐性和开放性。上海市政府和主要领导对数据开放工作给予高度关注，在国家尚未出台政策要求时，上海市政府在信息公开实践过程中敏锐发现问题，率先提出探索数据开放理论研究和工作实践，拉开了中国政府数据开放的序幕。上海市政府对数据开放的前瞻性推动对政府数据开放的起步和快速发展发挥了重要作用，在政治动员、规则制定、资源调配和工作安排等方面发挥了行政要素的支撑作用，引领和形塑了政府数据开放进程。

1. 积极的政治动员

上海市政府最初着手数据开放工作，来自本地需求和国际趋势的双重推动。在信息公开的探索过程中，上海市政府发现，在公众提交的关于政府公开信息的全部申请中，存在一定比例的申请其实与数据直接相关。因此，上海市政府对数据和信息进行区分，开始了将数据向信息那样直接进行公开的探索，以适应公众需求的变化。2010年4月，北美数字政府学会创始主席谢润・道斯在访问上海期间，与上海市经信委座谈交流，介绍了奥巴马推行政府数据开放的情况，上海市经信委领导对该话题表现出浓厚兴趣。2011年，时任上海市委书记阅读了一份关于数据开放的调研报告，随即责成上海市信息中心和上海市经济和信息化委员会对此问题展开专门研究，自此《加快政府部门公共信息资源向社会开放 促进信息服务业发展》作为重大专项调研课题开始推进。该课题以美国、英国等先进地区的数据开放实践为参考，并参考蒂姆·博纳斯·李的五星评价指标，为上海市数据开放工作提供了理论参考，确定了数据开放初期的四个主要任务：建成开放平台、确定试点部门、编制数据目录、提供政策保障。[①]上海市政府数据开放行动由此启动，为后续工作提供了重要支撑。

在数据开放起步后，上海市政府主要领导高度关注数据开放，多次公开表态推进政府数据开放工作。已有研究表明，高层领导的关注和重视是公共治理过程中发挥明显作用的有效方式[②]，体现了科层政府的行政权力运行和注意力分配思路。高层领导通过正式的公开发言表达政治安排，以及具体工作的行动目标、取向、次序和意义。其公开讲话的清晰程度、内容及语言特征，都会成为影响行政机构和个体成员对政策目标和紧迫性的认识。[③]因此，基于扩散渠道和网络视角，高层领导的推动体现了有效的大范围政治动员和沟通网络的快速形成，可以动员和安排行政体系内部的各类行动主体，以更快速度把上级行政机构的目标和意图向下传递。[④]上海市政府主要领导在不同阶段就数据开放制度激励、建设目标、自我监

① 参见郑磊：《开放的数林：政府数据开放的中国故事》，上海人民出版社2018年版。

② 庞明礼：《领导高度重视：一种科层运作的注意力分配方式》，《中国行政管理》2019年第4期。

③ 贺东航、孔繁斌：《中国公共政策执行中的政治势能——基于近20年农村林改政策的分析》，《中国社会科学》2019年第4期。

④ 徐岩、范娜娜、陈那波：《合法性承载：对运动式治理及其转变的新解释——以A市18年创卫历程为例》，《公共行政评论》2015年第2期。

督、自我纠错等问题多次作出重要讲话，有力地推动了相关工作的开展。

总体而言，就讲话文本内容而言，上海市政府主要领导分别提出数据开放的清晰任务目标和刚性时间节点，讲话中存在明确且单一的工作主题，相较于宽泛的指导性文件或模糊性的软约束话语更具有实践指导作用。从结构层面审视，高层领导推动效果的强弱与其行为频次和密度有关。频次指行为数量，密度指行为发生的时间间隔。[①]上海市政府主要领导的公开讲话和指示均呈现出短时内密集介入的特点，因此明确了数据开放推进过程的起点、重点和速度，使得其发展过程呈现高速度和大规模的特征。高层领导的公开讲话作为一项压力传导机制，具有明确的时间节点、任务对象及任务目标，可以将行政压力向下层层传递，以提高行政效率[②]，成为数据开放的动力来源之一。

2. 高效的组织安排

政府数据治理包括数据开放与管理活动中的机构设置、资源配置、任务分配和考核评价等内容。组织设置的科学性和部门协调机制的有效性影响数据开放及治理效率。因此，高效的数据供给及科学的数据治理都是实现政府数据价值的基础条件，主管部门设置和权力分配在此发挥着必要作用。

在机构设置方面，上海将市经信委信息化推进处变更为大数据发展处，整体统筹和综合推动全市数据开放工作。上海市政府办公厅、市经信委对数据开放工作进行推动和指导，市大数据中心推进平台建设。上海组建了市领导牵头，市发改委、市政府办公厅、市经信委等

① 周望：《如何“由点到面”？——“试点—推广”的发生机制与过程模式》，《中国行政管理》2016 年第 10 期。

② 王法硕：《我国地方政府数据开放绩效的影响因素——基于定性比较分析的研究》，《情报理论与实践》2019 年第 8 期。

参加的联席会议及工作领导小组，具体负责推动信息惠民、确立政务服务试点、统筹政务公开等工作，在政府数据治理实践中发挥了重要作用。上海率先建立公共数据开放专家委员会，其成员具有较强的专业技能和实践经验，来自科研单位、高等院校、科技企业等，在数据开放风险评估、技术问题讨论、具体项目进度安排等方面提供专业意见。上海大数据中心确定年度培训计划，并建立了数据开放专人专岗管理制度。通过专人专岗培训，有效提高了数据开放部门工作人员的技术处理和服务能力，保障了工作效率。

上海在组织体系建设方面强调畅通上下级机构间的任务分配和有效沟通，以及推动跨部门联系和工作协调，加强各级政府机构之前的联结，达到强化目标共识、建立沟通网络、降低行动成本的目的。[①]上海市数据开放协调机构和资源统筹机制的建立，通过保障机构的专业性和权威性，促进了数据开放各相关部门的紧密合作及联系网络的形成，体现了高层领导权威性推动与各部门明晰职权、有效协作的结合[②]，可以解决因部门分割造成的数据孤岛困境，为数据开放过程凝聚合力。

综上，高层领导重视以及组织体制的完善体现了行政系统内部纵向激励与约束机制的强化。政府数据开放是持续的治理过程，其有序推行需要组织要素提供支撑和保障。政府数据开放在实践中可能面临诸多障碍，专门的数据管理机构和运行机制能够对政府数据开放的统筹协调产生直接影响。上海市政府及主要领导在数据开放各个阶段对政治运行系统及注意力配置过程发挥了关键引导作用，通过纵向约束

① 贺东航、孔繁斌：《公共政策执行的中国经验》，《中国社会科学》2011 年第 5 期。

② 刘军强、谢延会：《非常规任务、官员注意力与中国地方议事协调小组治理机制——基于 A 省 A 市的研究（2002—2012）》，《政治学研究》2015 年第 4 期。

与组织机制的强化，率先推动和引领了上海政府数据开放进程。

3. 明晰的制度保障

根据政府创新领域的已有研究，政府创新活动可能始于中央政府的制度创新和顶层设计，也可能始于地方政府自发的主动尝试和先导探索。无论属于哪种路径，都以取得政治合法性为基本前提。①政策体系的确立将提升议题显著性，又对政府注意力分配和资源配置起中介作用。②政策体系反映出政府注意力焦点所在，决定了决策者对信息的优先关注程度，成为具体工作有效推进的保障。③上海打造了全国数据开放的立法、政策和标准规范样板。根据数据开放不同阶段的建设目标和实践要求，制定总体规划、年度计划和具体政策，对数据开放全过程的多个环节首次进行了政策规范，并细化各项技术和操作标准，有力指导了各阶段工作的展开。

（1）打造数据开放立法和政策样板。

由于上海领先全国率先进行政府数据开放探索，发展初期面临许多实际问题，解决这些问题需要科学有效的顶层设计与实施规划。在数据开放初期，上海率先提出梳理政府数据资源、确定开放范围、完善开放渠道、支持资源开发，从组织协调、基础设施、评估监督等环节确定政策保障。

在总体规划方面，2015年上海正式启动了政府数据开放规划工作。2015年国家出台《促进大数据发展行动纲要》后，《上海市大数据发展实施意见》和《上海市政务数据资源共享管理办法》发布，对数据开

① 韩博天：《中国经济腾飞中的分级制政策试验》，《开放时代》2008年第5期。

② 徐岩、范娜娜、陈那波：《合法性承载：对运动式治理及其转变的新解释——以A市18年创卫历程为例》，《公共行政评论》2015年第2期。

③ 练宏：《注意力竞争——基于参与观察与多案例的组织学分析》，《社会学研究》2016年第4期。

放工作进行了总体部署。根据上海数据开放总体目标和经济社会需求，参考国外其他地区的建设成果，确定医疗保障、教育就业、环境保护、社会服务、交通信息等16大数据开放主题领域，并梳理了每个主题下重点开放的数据清单，制定了2016—2018年推进政府数据开放的重点主题和阶段性要求。

在年度工作计划方面，上海是国内首个制定数据开放工作计划并向全社会公开的地方，从2014年起每年发布《上海市公共数据资源开放年度工作计划》。在工作计划中明晰当年数据开放的重点工作和实施方案，对各部门整理和开放公共数据以及编制目录的进度提出要求，包括开放范围、方式、频率、维护等具体问题。[①]上海市根据数据开放工作的实践发展和问题，调整并连续出台数据开放年度工作计划，指导数据开放工作重点，使各部门明确工作方向，同时始终强调数据开放的需求导向，为公众参与和监督提供了便利。

在数据开放立法方面，上海颁布第一部专业性强、法律级别高的地方政府规章。就内容上来看，主要涉及数据分级分类、清单编制、利用和安全管理等，成为上海市政府数据开放走入新发展阶段的重要法律指导，为上海市数据开放在纵深发展阶段如何最大程度促进数据流通和开发利用，推动数字化转型提供了法律依据。

2018《上海市公共数据和一网通办管理办法》明确了公共数据管理工作的总体要求。2019年《上海市公共数据开放暂行办法》作为我国首部专门性地方政府规章出台，首次对数据开放的基本原则、范围和要求、运行机制进行规定，在资源分类、平台建设、开放流程、安全保护、开发利用、监督考核等环节，对主体分工、权力分配、互

① 上海市经济和信息化委员会：《上海市政务数据资源共享和开放2017年度工作计划》，2017年8月15日。

动方式等问题进行了明确，为数据开放实践工作有章可循奠定了基础。[①]2021年11月，《上海市数据条例》通过，该条例包含数据权益保障、数据要素市场、数据资源应用、浦东新区数据改革、长三角区域数据合作、数据安全、法律责任等内容。对规范数据处理活动，促进数据要素流动，维护数据隐私与安全，优化数据服务等方面进行了规范。其中第三章对公共数据的分类管理、共享与开放、授权与运行进行了重要规定。[②]

在具体内容方面，上海市强调数据开放与利用并重，对数据开放全过程的多个环节进行了法律规范。包括数据的公共服务定位、资源梳理和分类开放、利用与监管等，指导上海数据开放进入全新阶段。在安全保障方面，上海要求安全管理应覆盖数据开放的整个周期，对包括数据采集与审核、预警与应急管理、开放与安全管控、违法行为处置等环节进行了具体规范。[③]在数据利用和创新方面，提出根据本地数据产业基础和应用情况，采用政策激励、吸纳社会资本、推荐应用服务、建立合作试验机构等多种形式的支持手段，促进产学研用合作模式的生成，优化数据开放生态[④]，体现了上海对挖掘数据价值、繁荣数字经济、优化政府治理方式和提高公众服务获得感的关注。

围绕城市数字化转型中的制度创新问题，上海于2021年5月召开数据立法研讨会，推出《上海市数据立法调研报告》，为上海数据综合立法工作提供智力支撑。《上海市数据立法调研报告》从创新数据管理模式、促进数据开发利用、优化数据要素市场等方面提供了立法思

① 远婧:《基于史密斯模型的上海市开放数据政策执行研究》,《管理观察》2019年第8期。

② 上海市人民代表大会常务委员会：《上海市数据条例》，2021年11月25日。

③ 上海市经济和信息化委员会：《上海市公共数据资源开放2018年度工作计划》，2018年4月18日。

④ 上海市人民政府：《上海市公共数据开放暂行办法》，2019年8月19日。

路。主要建议包括：为推动数据开放开发，建立数据开放分类分级体系、制定数据分类定价标准、规范“条件设立”开放规则、优化公共数据全生命周期管理流程；在促进企业数据开放共享方面，推动企业数据的流动共享、促进企业数据的高质量开发、规范企业全过程数据行为；在推进个人数据开发利用方面，鼓励合法利用、建立监管体系；在培育数据要素市场方面，健全数据市场标准，进行资产管理，深入推进政府监管。另外对促进跨境数据有效流动、增强数字技术创新能力、提升数据安全保障能级等方面提出了建议，为上海以及全国其他地区的数据开放立法提供了方向及重要思路。

综上，上海数据开放政策体系覆盖到数据开放的整个周期，内容涉及开放前的信息安全审核、开放过程中的流通与管控、开放后的权益保护和违法行为处置等，为数据开放全过程的具体实践提供了法律框架支撑。其法规政策体系从创新数据管理模式、推动数据流通和应用、培育数据要素市场等方面，推动了数据开放和价值的有效挖掘，也为我国其他地区提供了立法思路。

（2）建立标准规范体系。

上海首次提出数据分级分类开放，目标是实现数据的精细化开放和使用，提高数据管理效率，适应社会对不同类型数据的获取要求。2019年《上海市公共数据开放分级分类指南（试行）》就数据分级分类方式和要求进行规范。非开放类数据包括与国家机密、公民隐私和法律禁止相关的数据，有条件开放类数据包括对时效性、安全性、持续性、技术性要求高的数据，除以上两类之外属于无条件开放类。要求各开放主体依据开放目录和分级分类要求，明确开放范围、清单和优先性，规定不同种类数据的开放条件和管理方式。开放清单应规定开放范围、数据格式等，确定开放形式、要求、周期，经审查后进行公开。[①]

上海在数据开放实践中，基于数据开放周期，对数据采集、分类、处理、开放、流动、利用、维护等环节制定操作规范，用于保障数据开放效率、质量和安全。上海要求从源头采集和获取数据，规范数据存储、开放、更新的电子格式，并在各开放层级进行链条式管理。[②]制定开放平台运维、数据库建设、技术处理、接口规范等技术操作指南，以规范和指导各级开放平台和网络的建设和应用。

在2021年上海数据立法计划中，进一步提出数据开放标准体系的完善思路，包括：①根据数据利用需求，健全公共数据开放分类分级体系。对公共数据进行主题分类，包括经济发展、交通运输、教育文化、卫生健康、社会服务、环境保护等类别的主题数据。每个类别根据数据属性判断设置开放级别，并提出对应的数据安全要求、应用场景要求和反馈要求；②健全数据市场标准。对于敏感及非敏感数据采用不同的处理方式和标准。在数据定价方面，综合考虑数据的类型、属性、来源、容量、价值、获取难度、竞争性、使用对象和情境等要素进行分类定价，定价方式包括免费、依成本、市场定价等，数据定价过程由包括政府在内的各利益相关方共同参与。[③]这体现了上海根据数据开放工作的最新实践要求，进一步从数据市场化、分级分类、数据定价方面对标准化工作进行探究。

在标准化建设方面，上海尤其关注以下内容：第一，建立数据管

① 资料来源：上海市公共数据开放平台。

② 张新民、项琳、李建丽：《政府信息公开目录与中国政府公开信息整合服务平台的对接思考》，《图书馆建设》2010年第1期。

③ 《2021年上海完成立法项目38件推动出台〈上海市数据条例〉》，人民网，2022年2月16日。

理体系，包括数据资源管理、技术操作管理、隐私保护管理等，集中控制和把握数据开放过程，建立无障碍的操作结构；第二，数据开放全周期的标准化，明确数据开放各环节的操作规范，涵盖数据获取、分类、整理、储存、开放、使用、流动等环节，保障相关工作高效有序推进。明晰数据开放全过程和不同环节的操作方式和技术规范，提高过程控制和安全管理效率。要求相关部门依据统一标准，完成数据分类、整理、脱敏、格式转换等处理，按照开放清单规定的频率完成数据发布与更新；第三，关注数据利用需求，探索数据市场标准和定价标准。通过分级分类保障数据安全、制定定价标准。支持除政府以外的其他社会主体共同参与数据开放国家和地方标准、行业规范的制定过程，建立符合实践需要的标准体系。

总体而言，上海市政府数据开放的建设经验表明，数据开放实践的顺利有序推进必须以法规政策及标准体系的完善为前提，提供基础性的制度支撑。上海在法规政策内容上，突出数据的开发利用和数据开放的公共服务导向，为数据开放与应用提供了操作性强的制度支撑。上海首次制定和出台了多项有关数据创新、数据产业发展、政府利用、数据安全规范等方面的法规，形成了较为全面的数据管理、创新与应用法律体系。上海的数据开放综合立法，以促进数字经济发展为导向，以激活数据要素价值为目标，以改革创新数据开发利用规则为抓手，以推动数据跨境流通为突破，以加快建设大规模多领域数据应用场景为保障。坚持统筹数据供给与数据利用、统筹国内市场与跨境流动、统筹数据开发与数据安全，为全面推进数据开放和城市数字化转型奠定了坚实的政策基础。随着数字技术的演进和应用场景的变化，上海加快数据立法创新，推动了数据创新与应用的深入，为数据价值释放和数字经济发展奠定了基础。

4. 充足的财政投入

上海作为全国经济中心，强大的地方财政实力及其对财政资源的有效配置为政府数据开放建设提供了有力保障。上海提出完善科技政策体系、设立科技成果转化基金，以最大化发挥财政调节杠杆作用，推动市域数字科技高水平、高速度、高质量发展。2020年《上海市推进新型基础设施建设行动方案（2020—2022年）》出台，明确要求深化调整资金投入，完善数字化基础设施，吸引更多社会资本进入，为新基建成功落地提供资金支持。[①]特别强调构建多级、成熟、高效的财政保障联动机制，加强以数据中心为代表的基础设施建设，在加快提高数据开放效率的同时，也要达到质量要求。此外，上海提出建立数据要素市场化配置的上海方案，包括统筹数字政府建设经费，为数据创新应用提供经费支持，引导社会资本在信息化与平台建设、数据融合应用等领域进行投入等。

通过以上分析可知，上海综合运用多种财政工具，为数据开放和创新应用提供了资金保障。上海将财政资源投入聚焦数字新产业、数据新要素、数字新基建、智能新终端等重点领域，数字经济核心产业增加值已超6300亿元。[②]这表明在数据价值创造领域上海取得了重要成果，为数据开放整体绩效的提升打下了坚实基础。

综上，上海市政府在数据开放过程中发挥引领作用进行多项开创式探索，充分发挥行政赋能作用，达到了明确发展方向和提升执行效率的效果。第一，政府主要领导发表意见和提出指示的行为明确了具体问题的优先性和重要性，引导各级政府部门集中分配注意力并形

① 上海市人民政府：《上海市推进新型基础设施建设行动方案（2020—2022年）》，2020年4月29日。

② 《三年城市数字化转型 上海交作业：数字经济核心产业增加值保持平稳较快增长》，《解放日报》2023年12月27日。

成一致的行动目标和方向，为数据开放提供了必要的行政关注和资源；第二，组织协调和资源统筹机制的建立，为数据开放的部门间沟通协调、权责划分和工作效率提升提供了有效组织保障；第三，通过提供法规政策支持和标准规范保障，实现政治合法性和议题显著性的提升，保障了数据开放工作依法有序进行；第四，通过一系列公共财政工具的组合应用，支持数字产业、数据基建、智能新终端等重点领域，为政府数据开放绩效提升提供了重要支持。上海通过有效的政治动员、合理的机构设置和权力分配、综合立法和标准体系建构、财政资源投入和支持，为数据开放实践工作提供了坚实的行政支撑力。

（二）市场创新要素的培育

数据资源的价值不会随着数据开放而自动产生，需要被社会广泛开发利用才能产生价值。正如已有研究强调，数据开放和数据开发利用的动态互动关系共同决定着开放数据的价值创造。[①]政府数据的复杂性决定了不具备数据分析和研发能力的主体无法利用数据，需要经过专业机构和人员的分析、开发才能形成有效应用成果，被公众理解与使用。由于技术要素的稀缺与非均衡分布，地区间数据开发能力存在显著的不均衡，如何集聚和培育市场创新资源、提升数据分析和开发的能力成为取得数据创新成果的关键。

上海作为中国政府数据开放的先驱，始终坚持培育市场创新资源，高效集成数据开发和创新要素，率先形成了丰富的数据创新和应用成果。上海以推动数据创新应用为目标，重点打造数据开发与创新生态链，在人才培育、创新激励、联合研发、应用推广等方面进行探索，

① 郑磊:《开放政府数据的价值创造机理：生态系统的视角》,《电子政务》2015年第7期。

促进产学研用合作效应的发挥，培育了优越的数据创新环境。

1. 培养科技人才

首先，在人才培育方面，上海发挥其全国科技中心的领先优势，充分利用其全国领先的科技和人力资源，培育数据人才，推动数据开发与创新。上海科技水平实力雄厚，技术创新环境和产业化水平领先全国。[①]上海在科技创新环境、科技活动投入和成果、产业投资环境等方面具有领先性优势，是我国科技中心、研发中心和新技术集聚中心。上海发挥其科研环境稳定、引才能力强大的优势，以建设数据资源科技创新中心为目标，重点引进和培育高端数据人才，以提高数据开发及创新的核心竞争力。

关于人才教育和培养，2014年上海启动“数据科学和大数据人才培养计划”，首批计划包括数据科技、数据工程、人才训练营等项目，之后增设了数据科学学位建设、课程安排、人才培育、就业创业等项目。[②]复旦大学作为上海市数据科学的支撑基地，在上海市科委的批准下建设上海市数据科学重点实验室，作为数据科学领域首个政府支持的重点实验室。实验室研究方向为数据科学基础理论、科学研究的数据方法、数据界探索和大数据技术应用等，还包括数据科学学科体系建设和人才培养。（见图4—1）上海市人才培养计划设置了数据科学领域第二学位、学术型博士教育、交流活动和训练营。将学术成果和工业资源进行整合，重点培养相关人才的数据分析和应用技能。在外部人才引进方面，上海支持数据技术领域优秀人才落户，可采取一人一议方式，制定适合高端人才发展的就业和落户政策。

① 《中国区域科技进步评价报告2015》，中国政府网，2016年7月21日。

② 《上海启动大数据人才培养 3年引进千名高端人才》，科学网，2014年6月13日。

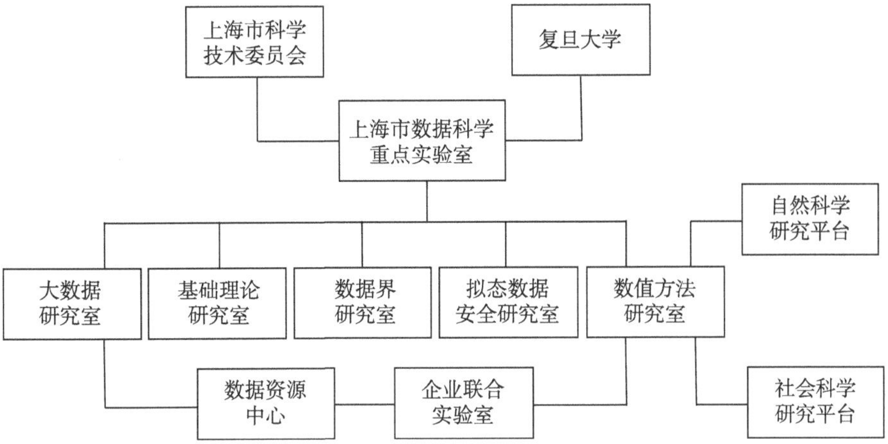

图4—1 上海市数据科学重点实验室基本架构

资料来源：复旦大学计算机科学技术学院网站，经作者整理。

2. 引导创新应用

上海积极探索引导赋能活动，利用市场和社会资源，推动数据创新应用，培育政府数据创新生态。2015年，上海首创数据创新应用大赛，成为我国首个大规模赛事，旨在鼓励全社会成员参与数据开发应用，在大赛中获奖的个人和团队以及优秀案例将得到物质奖励和创业孵化机会。另外设置行业比赛，如图书馆专项赛事等，旨在鼓励大数据、人工智能等信息技术领域的团队设计研发出一批促进经济发展、城市管理等的创新项目。[①]相关赛事体现了数据共有、价值共创、合作共治的开放思维，产生了大量优秀示范案例，在全国范围内对推动数据社会性开发与利用发挥了重要宣传作用。上海开放数据创新应用大赛根据“数据众筹”理念，除政府数据外，吸纳了大量来自企事业单位的高价值、高潜力数据，探索了多元数据的融合应用路径。

2020年数据创新应用大赛与国内其他七大赛事共同组建“开放数

① 资料来源：上海市开放数据创新应用大赛网站。

据赛事联盟”，扩大了赛事的区域影响力。围绕城市建设、市民生活、教育就业、卫生健康等领域开展专题比赛，征集数据创新应用作品。此次比赛在以下方面进行了突破：一是加大数据开放，丰富数据资源。大赛数据池不仅有超3000个开放数据集，还涵盖了超600项比赛专用数据以及近万项共享比赛数据，共同为参赛团队提供数据支持。二是创新比赛模式，实现分类聚焦。首次采用职业赛道和高校赛道并行的双赛道模式，采取不同的评分标准，使大赛分类聚焦，更好地为大学生创业和大数据产业集聚提供平台，也可以实现大数据人才和大数据项目的双落地。三是多地紧密合作，扩大品牌影响。继续推进与浙江、大连、香港等多地的紧密合作，形成从东北、长三角到珠三角的数据创新应用大赛品牌辐射效应。四是联合同类赛事，合作共享办赛。数据创新应用大赛联合多方办赛主体组建赛事联盟，比如上海图书馆开放数据竞赛、大连数据智能创新应用大赛等。实现数据共通、赛程共融、专家共享、宣传共鸣、服务共建，共同打造开放数据赛事合作体系。①

上海数据创新应用大赛等各项引导赋能活动首创了以数据为“原料”的全社会合作共创活动。政府与企业、研究机构、社会成员共同实现了开放式、协作式、参与式的公共服务设计与城市治理创新模式。大赛中涌现的多个创新方案为城市治理实践提出了创造性的建设方向，有助于政府拓展思路，提高决策的科学化、管理的精细化和精准化。同时提供了一个融合政府数据与企业数据、政府数据与团队自有数据的平台，吸引了高精尖人才和优秀团队提交方案，构建起一个包括数据提供部门、数据利用者、投资方、市民的参与体系。与过去依靠政

---

① 《慧聚数据力量　创新城市发展——2020SODA 开放数据创新应用大赛正式起航》，金融界，2020 年 7 月 14 日。

府提供资金支持、政策支持及建设园区等方式不同，数据创新应用大赛将数据作为公共产品提供给社会，以集聚人才、引入资金、助推创业带动就业，探索了全新的发展路径。

3. 推动主体协作

上海提出构建以“产”主导、“学、研”为基、“金”输动力的数据创新体系。上海市政府鼓励引导市场主体进行数据开发、提供数据服务，营造健康、开放的数据生态，体现数据的赋能作用。上海在开放数据的基础上主动向前一步，通过联合创新实验室、建设人才培养基地等方式吸纳市场和社会资源，培育高端人才，开展多主体交流合作。

上海探索建立大数据联合创新实验室，旨在通过支持数据创新性开发和应用研究，推动产学研用协同发展。①2018年起上海已分批次建成了11个实验室，重点研究长期存在的数据标准不统一、来源分布散、结构格式多的问题，形成以全国企业工商信息、失信信息、司法、行政处罚、知识产权等横向数据和食品安全溯源领域、集装箱货运领域、车辆维修领域、非公医疗领域、旅游等跨行业和跨领域的社会信用信息为基础的样本数据库。②基于实验室汇集的可开放数据，以行业应用焦点为导向，面向社会广泛吸收创新应用思维和大数据、人工智能等技术解决方案，为社会服务领域提供数据创新服务。目前实验室的主要成果包括，完成了信用服务标准清单、信用产品能力清单、信用研究成果清单“三清单”的编制，并在此基础上搭建了面向社会各领域的信用大数据公共服务平台，推动上海信用大数据的全面应用，同时依托北京、苏州、杭州、郑州、厦门、深圳、西安的合作单位向

---

① 《上海市加快构建“产、学、研、用”一体化的大数据创新生态》，国家发展和改革委员会网站，2020年6月23日。

② 《探索数据开放、打造创新应用，上海启动信用大数据创新应用大赛》，周到上海，2020年9月28日。

其他省市复制推广。

2020年，上海市大数据中心提出打造政产学研融合、协同创新实践的新模式，与上海交通大学合作，致力于公共数据治理和一网通办两大领域的项目开发与建设。为培养更多综合能力强、科技素养高的复合型人才，加快政产学研用一体化，双方联合成立大数据联合创新实验室和人才培养基地①，联合进行项目攻关，探索将理论与实践深度融合，促进数据治理水平提升，全面保障数据管理安全，加快构筑成熟、可靠的数据法律机制，为上海顺利实现智慧政府建设目标提供先进、强大的技术支持。

上海市政府坚持发挥其全国科技创新中心的引领作用，坚持推进核心数据技术的联合攻关，与企业、创业孵化器、公益性基金、科研机构等单位合作，通过加大政府定向支持，加强企业研究院或创新中心建设，推动大学、科研院所和科技创新基金与龙头企业共建新型研发机构。采取实际措施支持优秀创新项目建设和数据人才创业，各类数据开放创新应用成效显现。

上海提出重点围绕市民和企业关注程度高的民生服务类领域，不断提高政务数据的开放性，促使公共数据与社会数据深化融合，同时加强社会应用场景建设与研究，以提供精准、便捷的公共服务。上海积极推动创新主体开展跨学科研究，在前沿技术的推动下，优化城市服务理念，完善服务体系，持续探索高效、便捷的服务模式，为打造智慧政府、智慧城市提供先进的技术和智力支持，探索有效的解决方案。上海通过不同形式的合作充分发挥了政府和数据开发主体的科研和专业化优势，通过多主体聚合有效地激发了凝聚力和创造力，促进

① 《上海市大数据中心与交大合作，将设联合创新实验室和人才培养基地》，界面新闻，2020年7月14日。

了数据价值的深度挖掘和城市数字化转型。

由此，上海充分发挥其数据创新中心的作用，数据产业发展水平和数字生态指数领先全国。上海发挥其科技优势，在数据产业政策与环境、产业规模与质量、头部企业情况、产业创新能力及产业投资热度五个方面均表现出色。①上海通过优化产业链布局、培育特色产业生态、推动融合应用、吸引高端人才、支持联合创新等途径，形成了多主体联动的创新生态系统，有力支撑了政府数据资源开发和价值创造，形成了大量数据开发优秀成果。

综上，上海市政府与其他数据开发主体的有效合作激发了创新凝聚力和活力，形成了大量优质创新成果，释放了数据的巨大价值。上海在数据利用层面表现优秀，数据创新有效成果数量和覆盖面领先全国，数据应用领域不断拓展。上海发挥其国家科技创新中心、高技术研发中心的技术优势，建成国家数据资源科技创新中心，探索实现了从数据开放到价值创造的实践链路。

（三）社会参与能力的提升

上海市政府数据开放起步早，公共服务发达，数据基础设施和城市公共文化设施建设在全国名列前茅，公民素质和参与意识较高，为上海积极引导公众参与数据开放提供了动力和基础。上海市政府始终强调数据服务意识，将促进社会合作参与作为数据开放工作的重点目标和改进方向。上海在法规政策层面在全国首次对社会公众参与提出明确要求，并通过连续举办数据宣传和引导赋能活动，优化平台交互功能，推动公众与政府互动合作，促进了政府主体之间的交流互动和信息传递，体现了按需开放的目标。

---

① 《数字生态指数 2020 在京发布：京沪浙粤总指数全面领先》，澎湃，2020 年 10 月 10 日。

1.加强教育培训

较为熟练掌握数据分析和使用等技能的社会成员通常是有限的，当较大比例社会成员的数据理解和使用能力缺失时，将影响数据实用价值的挖掘，由此产生“知识鸿沟”或引发“数字鸿沟”，将难以实现数据开放使全体公众获益的目标。[①]如果大部分社会成员在数据分析、数据利用等方面表现优秀，就会对数据创造做出更有意义的举动，进而助力实现数据开放价值目标。上海市立足其公民素质高、移动互联网用户数领先全国、公民的数据开放需求强烈的社会基础，加强社会教育和培训，提升公民数据素养。在政府信息公开阶段，上海市政府正是基于公众关于数据的申请开始规划数据开放。因此在数据开放建设之初，即强调其公共服务导向和推动公众有效参与的重要意义。

在社会交流培训方面，上海市政府提出有效的交流互动和数据素养的培育是促进公众参与的基础，提高公众的数据意识和获取技能有助于其充分利用数据资源。上海市政府举办“开放政府周”等活动，鼓励公众、社会组织举办不同类型的数据开放主题活动，以培育社会参与文化，扩大数据开放的影响力。上海市政府积极组织针对不同主体的培训活动，帮助政府部门提高工作效率，也帮助社会公众更为便利地获取和利用数据。其中，行政系统内部的培训通常针对政府公务人员，目标是提高其数据处理水平和数据管理工作效率。培训内容涉及如何进行数据分类并根据其开放紧迫程度和价值决定其开放顺序、数据处理和交互的基本方法、与社会公众开展交流对话的方式等。行政系统外部的培训通常针对普通社会公众，培训形式包括各类课程、研讨会、工作坊等。由此，在政府内部以及全社会推动了数据开放氛

① 汤志伟、韩啸：《政府数据开放价值共毁的生成机制：来自过程追踪法的发现》，《北京科技大学学报（社会科学版）》2022 年第 5 期。

围的形成，为政府公务人员提高数据服务意识和效率，社会公众支持和有效参与数据开放活动打下了基础。

上海市政府关注公众数据参与能力的重要性，以提升全体社会成员的数据应用技能为目标。上海市政府投入财政资源提供免费培训，开设了开放数据的培训课程，向公众提供免费线下开放数据讲座。为基层工作者、老年人等群体提供基本技能培训，帮助他们了解基本的数据使用操作。另外，完善城市数据基础设施，在学校、图书馆、居民活动中心等公共场所提供平板电脑等惠民数据基础设施，由专门人员提供操作指导，方便公众使用和体验。上述工作提高了政府公共服务的普惠性。

2.吸纳需求建议

上海强调数据开放的需求导向和服务导向，积极征集公众需求并将其作为确立数据开放重点和方向的依据。在公众需求调查方面，为确立开放范围和重点，上海市政府在数据开放工作规划前进行需求调研，根据社会需求的动态变化审视和调整政府数据的开放重点，安排数据采集和整合工作。在需求收集方面，上海市政府在确立年度数据开放清单前，与来自不同行业的公民群体沟通交流，采取在线征集建议、问卷调查、社区服务咨询等方式收集社会需求，分类收集各行业公众对开放数据、数据再利用的需求情况和对数据管理政策的意见，并将对话内容进行数字化记录和保存，委托专业机构进行分析和处理，用于优化和数据开放工作规划，如2020年《上海市公共数据资源开放年度工作计划》根据公众需求情况提出在公共卫生、城市服务、社区建设、市民出行、银行信贷等重点领域进一步加强开放力度。①

① 上海市经济和信息化委员会:《上海市公共数据资源开放2020年度工作计划》，2020年4月19日。

在这一参与过程中，就政府意图而言，旨在向社会公众征集需求和方案，体现数据开放的公正和民主性，保障社会参与度和认同度。在主体地位方面，政府发挥活动发起者和控制者的主导作用，同时在参与过程中，公众话语权和表达能力逐步提升，对参与效果发挥重要作用；在消息互动方面，政府向社会征集需求，社会对政府提供意见和咨询，双向互动交流由此形成；在社会自治程度方面，社会意见表达首先基于其对政府数据开放思路较清晰的认识及了解，体现出其信息掌握度的提高。另外政府积极采纳和接受社会公众的意见和需求，体现出社会主体地位和自治能力的提升。

3.促进利用反馈

上海始终强调数据开放的需求导向、应用导向、效果导向，通过促进公众参与保障了开放回应性和满意度。《上海市公共数据开放暂行办法》首次在法律层面确定开展社会参与，参与范围涉及开放领域和方向、工作重点和困难、数据发布和使用、隐私与安全等问题。[①]在实践中，上海积极促进社会对数据利用情况进行反馈，挖掘其反馈价值，提升开放质量。同时激励公众以平等合作的方式，共同参与数据的聚合、增值、开发、赋能。

在数据利用反馈方面，上海市政府数据服务网重视平台与用户间的互动反馈，持续调整运营方式以提高服务效果。平台提供互动、反馈、个性化等栏目，通过多种互动方式，方便用户参与。在2020年改版后，平台明显优化了用户体验，强调平台之间的联结以及功能设置的实用性。上海市数据服务网针对不同数据的便捷获取方式进行了优化，并新增数据申请栏目。要求平台将回复数据申请、处理数据纠错、回应用户建议等作为平台考核的重要指标。在主体交流互动方面，要求

① 上海市人民政府：《上海市公共数据开放暂行办法》，2019年8月29日。

公开数据平台以及数据集发布主体的有效联系方式，更加方便数据供需主体的直接沟通和联系。

上海市政府数据服务网在信息互动栏目设置信息速递、问卷调查、定制服务、平台概览、互动反馈、帮助指南等模块。信息速递栏目展示年度开放计划、开放清单、重要工作会议等信息；问卷调查栏目用于征集公众建议和评价，为解决用户提交建议和参与讨论热情不高的问题，将用户调查问卷设置为超链接，在数据开放平台首页设置动态悬浮窗吸引用户注意力，进行滚动展示；定制服务栏目旨在满足用户的个人需求，用户可以对希望呈现的平台栏目、开放数据格式等问题提出要求；平台概览栏目简要展示网站开放数据的部门、数量、类别、浏览量等，方便用户快速了解基本信息；互动反馈栏目方便用户之间交流，并向相关部门提供反馈意见，用户也可浏览已提交的问题，各部门最快在当日内给予回复；帮助指南栏目提供各类服务器、工具包、下载指引等，方便用户操作和使用。

在发掘用户反馈价值方面，上海市政府数据服务网将用户反馈按照意见反馈、申请反馈和纠错反馈进行分类整理，定期统计和分析用户反馈信息，包括用户对数据质量、准确性、时效性、部门活跃度、数据易用性等问题的建议和评价。并且对各部门、各类别数据的浏览及下载情况进行整理，分析用户集中关注和使用的数据类别，评估数据的使用价值或经济价值，尽可能保障公众的有效反馈被应用和采纳。

4.激励合作参与

上海市政府引导公众在数据收集、流通、开发等环节的合作式参与。包括与公众合作，共同收集、更新、维护数据，以及鼓励公众利用数据进行研究，提供重要见解。如上海市图书馆组织联合试验活动，邀请公众参与馆藏数据的整理、翻译、分类、编辑和记录，鼓励公众获取数据和参与编辑，提高馆藏数据及文本的质量。环境保护局鼓励有条件的市民测量居住地的水域植物生长和水质污染情况等数据，对已经开放的环境数据集进行补充或更新。另外，上海市政府与公众合作更新交通数据、路段障碍、事故、突发情况等数据，帮助居民规划出行，及时避免交通堵塞。

在公众合作式参与过程中，上海市政府探索与社会主体平等合作，致力于处理公共事务，便利公众日常生活。其目标是利用社会公众的知识和智慧帮助政府提高公共问题的处理效率，以及使公众在实践和尝试中体会数据开放的经济和社会价值。合作关系的建立使公众和政府实现互惠，显示了公众的智慧、作用和影响力，体现了参与程度的加深。在信息传递方面，在合作过程中上海市政府与社会公众进行了充分的交流和沟通。公众获取政府发布的方案征集和活动指导信息，政府得到公众提供的解决方案、实时数据和消息反馈，实现了双方的消息对称和充分互动。在社会自治程度方面，合作式参与对公众的资源收集、交流沟通、方案设计等能力提出更高要求，体现了上海社会自治程度的提升和行动力量的成熟。

四、路径特征与启示

上海作为综合驱动路径的典型代表，其数据开放高绩效的驱动力量包含了所有层面的关键要素，强调了行政要素、市场要素、社会要素作为内部支撑力和外部驱动力的共同关注和均衡投入。上海市政府数据开放过程体现了上海市政府有效整合本地内外部资源，积极推动各主体协作，发挥地区基础要素的先导优势，形成良性循环的过程。

在行政支撑力方面，上海市地方政府前瞻性的高位推动发挥了关键作用，成为数据开放重要的行政支撑力。在国家层面尚未明确提出要求时，上海市政府进行先导性的自主探索，在政治动员范围的拓展、组织体系和部门协调机制的建立、政策和标准体系完整性的提升等方面发挥叠加作用，在建构地方性制度框架与资源配置方案、组建专业机构明确地方职能部门的权责等方面率先探索，引领了政府数据开放进程。

在外部驱动力方面，上海通过资源集成和主体互动推动数据价值共创。在资源集成方面，上海发挥其全国科技中心的先导作用，通过人才培养、引导赋能、创新体系构建等，整合和培育市场创新要素，为其参与数据开发与创新实践建立平台、开拓渠道。上述举措对市场要素参与数据产业化应用和新兴技术研发起到了重要的引导促进作用，为数据资源开发利用注入了内生动能。因此发挥本地科技创新优势，形成了大量数据创新成果。在主体互动方面，上海关注社会参与意识和能力的提升。通过教育培训、需求征集、利用促进、合作参与等方式，培养公众参与能力，提升公众参与度和操作体验，激励社会公众与政府合作参与数据的聚合、增值、开发、赋能。

总体而言，上海结合本地实际，发挥其完善的数据基础设施、扎实的技术基础、优秀的产业生态等先发优势，摸清数据底数，准确掌握本地数据开放的发展现状和基础条件，率先启动了我国数据开放进程。以开放数据赋能高质量发展，推动了城市功能进一步跃升。[①]上海发挥其先导性优势，通过积极的行政推动、优秀的创新土壤、广泛的社会参与等要素的联动作用，推动了数据开放不断深入，数据开放指数连续多年居全国之首，成为领先全国的省域标杆。

政府数据开放的综合驱动路径也可以解释浙江、广东等数据开放

① 《2020年大数据发展十大事件》，上海市经济和信息化委员会，2021年1月15日。

绩效排名靠前的经济发达省份。符合这一路径的省份无论在外部驱动力层面，还是行政支撑力层面，均有优秀的表现。这些地区具备良好的经济、技术和社会发展基础，地方政府发挥行政要素的引导和规制作用，建立起数据开放的制度和组织保障，同时关注多主体协同作用的发挥，吸收市场技术和资源，鼓励和推动数据的开发利用，同时积极促进社会参与互动，接受社会公众的监督，满足社会的数据需求。在多个要素的联动作用下，数据开放在其优渥的发展环境中顺利孕育和成长，由此凭借多要素全面发力取得了数据开放的高绩效。

第二节　产业驱动型——以贵州省为例

《中国地方政府数据开放报告》2018—2021年四年累计综合指数中，贵州省排名省级第四位，是全国综合排名前四名中唯一一个经济欠发达地区。[①]贵州政府数据开放的高绩效主要得益于其充分发挥数据产业优势，吸纳市场创新资源推动政府数据开发与应用，在这一过程中地方政府的强势主导和有效规划发挥了关键作用。在吸收市场要素推动数据开发方面，贵州以数据产业化为抓手，依托国家大数据综合试验区，挖掘本地资源优势，提升其对于数据相关产业和科技企业的吸引力，并进一步提高基础设施供给能力和优化营商环境，引导本地企业提升创新能力，推动了数据开发和应用成果质量的提升。贵州

① 安小米、白献阳、洪学海：《政府大数据治理体系构成要素研究——基于贵州省的案例分析》，《电子政务》2019年第2期。

经验对其他欠发达地区有着明显的示范性，启发其因地制宜发挥比较优势，找寻可以撬动发展的杠杆，实现地方政府数据开放的路径突破。

一、发展基础：数据产业化的先行探索

贵州省资源丰富，传统工业具有一定的发展基础，但面临经济实力落后、财政资源不足、贫困人口数量多、教育资源匮乏、产业发展不均、公共基础设施不足等发展困境。如何依托资源要素发挥比较优势，探索符合自身情况和科学发展要求的后发赶超道路成为重大课题。贵州省在大数据产业发展方面表现突出，成为其政府发挥产业优势推动数据开放与创新应用的关键抓手。贵州省在科技变革和产业创新的外部机遇下，通过大数据产业发展推动结构转变成为后发赶超的关键动力。贵州以国家大数据（贵州）综合试验区为载体，率先探索实现数据产业化，成为数据企业的投资热土，形成了明显的产业集聚效应。

（一）建设国家级大数据综合试验区

根据资源依赖视角，贵州发展大数据产业是建立在考虑当前各类资源现状的基础上的合理选择。[①]从先天条件来看，贵州地处西南部，经济增长对资源的依赖性强。资源型经济普遍存在产业结构不合理、价值分配不公平等突出问题，信息化可打破这一局面，使资源型经济的不足得到纠正，信息化和工业化的双重推动则转变其粗放式发展。[②]

① 郑婷婷、付伟、陈静：《信息化发展水平、资源依赖与绿色全要素生产率——来自地级市面板数据的分析》，《科技进步与对策》2019年第23期。

② 曾祥坤：《新常态视角下贵州工业化发展研究》，《贵州社会科学》2015年第3期。

贵州在经济转型中面临诸多阻碍和难题，包含结构、制度、技术、路径等。为推动经济高质量发展，实现真正的转型和超越，需要以生态建设理念为导向，积极探索科技驱动之路推动结构转变和模式创新，摒弃以往的环境破坏型发展模式。

贵州选择发展数据产业，有助于避免工业化的严重污染问题。对于经济发展水平不高的贵州来说，尽管先天优势不突出，但具备厚积薄发的后发优势，就是加强信息化建设，以科技为引领加快改革、创新，从而实现优势到利益的转变。[①]经济发达地区和经济欠发达地区之间存在多方面差距，这种差距不只反映在技术上，还反映在制度上。贵州通过“政府领跑”，率先探索数据产业发展之路，实现了转变经济增长方式的目标。[②]

2015年9月，贵州正式建设国家大数据（贵州）综合试验区，在构建体现地区特色的政策体系、营造资源融通的产业生态、保障和维护数据安全方面进行了先导探索。试验区围绕数据资源流通、数据中心建设、创新要素集聚、跨域合作交流等任务开展系统性试验。其中，数据资源管理与共享开放作为七大主要任务之首，是重中之重。贵州作为国家大数据综合试验区，数据产业发展已由省级战略上升为国家级战略，具有很高的政治位阶。贵州结合本地实际制订具体实施方案，细化任务措施，发挥了先导作用。

（二）产业集聚效应初步形成

贵州数据产业的突出影响力吸引了大量国内外优质企业集聚。京

① 龚勤林、陈说：《论我国欠发达地区的后发优势转化及赶超路径——以贵州为例》，《贵州社会科学》2014 年第 4 期。

② 李大伟：《后发大国的发展战略——从比较优势到适度赶超》，《宁夏社会科学》2016 年第 5 期。

东、腾讯等知名企业入驻贵州，华为、腾讯建设的数据中心投入使用，南方数据中心顺利筹建完成。微软、英特尔等国际排名领先的优质企业入驻。苹果首次调整了用户收费方式，业务由云上贵州公司运营。此外，贵州培育起包括满帮集团、白山云企业、朗玛信息公司等一批本地重点企业。[①]

贵州南方数据中心建成后，吸引多个国家部委和知名企业投资建设大型数据库，贵州迅速成为国内拥有最多数据中心的地区。贵州通过积极推动产业集聚区建设，创生智能、高效、协作的数据产业生态，建设了贵阳、贵安、黔南、遵义等多个具有影响力的数据产业集聚区，其规模不断扩大、产业链条逐渐完整，因此被称作全国数据产业吸引力最高的示范地区。

综上，贵州省数据产业的发展为政府数据开放提供了有利土壤，数据产业既对政府开放数据资源的数量和质量提出更高需求，也为政府数据资源的创新性开发和应用提供了市场和技术支撑。尽管贵州与经济发达地区相比，在财政资源、社会基础等要素方面处于弱势，但大数据产业作为技术性产业，其发展成为贵州进行数据采集、保障数据安全及促进数据利用的基础。贵州省通过发挥比较优势，构建跨界融合的数据产业生态体系，高效集成市场创新资源，推动了数据创新和应用成效的提升。

二、发展过程

贵州政府数据开放实践包括起步探索阶段和成熟发展阶段。第一阶段开始于贵州启动国家大数据综合试验区建设的背景下，数据开放

① 《国家大数据（贵州）综合试验区形成辐射示范效应》，《贵州日报》2022年1月7日。

成为七大主要任务之首，具有较高的政治位阶。贵州省政府通过构建先行先试的政策法规体系、建立多主体长效协同机制、培育跨界融合的创新体系，为数据开放奠定了基础。第二阶段始于2018年，贵州省深入实施政府数据开放行动，政府数据开放覆盖面逐年扩大，开放数据数量、质量稳步提升，省级平台首批接入国家平台，并进一步推动省、市两级政府数据开放。2018—2021年，贵州政府数据开放综合绩效均排名全国前四位，持续领先全国。

（一）起步探索阶段（2016—2018年）

贵州大数据产业的发展为政府数据开放与开发提供了土壤和基础。2015年《促进大数据发展行动纲要》提出十大工程，第二大工程要求建设贵州大数据综合试验区，完善基础设施和集聚数据资源。贵州大数据建设成为国家战略和重点工程。在此背景下，贵州省政府积极推动政府数据开放，使数据开放在贵州从无到有、落地开花。贵州省数据开放综合指数2017年排名全国第二，2018年排名全国第三，整体表现优秀。

在起步探索阶段，贵州省通过政府顶层设计和部署，发挥优势吸纳创新资源，取得了数据开放高绩效。贵州发挥其综合试验区的先导作用，建立政策体系，完善多主体协同机制，在数据开放准备层排名全国第一。在数据开放领域，贵州通过举办创新活动、提供孵化平台，在整合创业资源、推动市场研发、增进行动力等方面探索了重要经验。在社会参与互动方面，贵州省数据开放平台在改进数据服务、引导公众交互、提供依申请开放通道方面表现优秀。但贵州省政府数据开放平台在依申请开放和纠错反馈等方面仍存在改进空间，平台互动次数较少，相关部门的处理效率不高，表明其社会参与程度和政府回应能力有待提升。

（二）成熟发展阶段（2018—2022年）

2018年以来，探索上下级政府协同、联动、整合、开放的路径，成为新的工作方向。在政策和标准化方面，贵州制定首个省级政府数据共享开放地方性法规，建设国家技术标准创新基地。在数据开发方面，贵州发挥政策和区位优势，提供基础设施和合作平台，优化营商环境，推动政企合作。在数据利用方面，贵州优化数据开放平台，在方便数据发现和获取、提高用户体验、支持用户反馈方面取得明显进展。

在成熟发展阶段，贵州省数据开放综合指数始终保持了较高水准，是我国唯一一个排名靠前的经济欠发达地区。贵州作为综合试验区获得了国家层面的支持和关注，省级政府也将数据开放作为重点工作，在行政要素方面进行有效的方向性引导。通过推动数据全面开放，鼓励产业、技术集聚，建立数据生态体系等政策规划，以政府公共政策供给侧改革寻找新的发展路径，进行因地制宜、契合实际的政策创新。同时，大数据产业发展为政府数据开放提供了市场基础和需求，贵州省进一步通过优化基础设施、改善营商环境，吸引了大量市场创新资源，将欠发达地区的后发优势转化成了发展动力，推动了数据价值创造。

三、路径选择：吸纳市场资源推动数据开发

贵州省提出建设全国数据汇聚应用新高地、创业创新首选地的目标，以优势聚资源。贵州省提出“以数据为资源，以应用为目的，以产业为基础，以安全为底线”的建设思路，吸纳市场创新资源，推动

成果转化。波特的竞争优势理论指出，自然资源无法长期构成某一地区的竞争优势，改进市场经营环境，提升创新能力，提供有力的政策支持，才是长远发展的竞争优势。①偏居西南一隅的贵州，把加强政策引导、推动政企合作、培育创新能力作为突破口，发挥本地基础优势，积极整合和集成内外部资源，并进一步推动数据开发利用成果创新性的提升，其建设思路为我国其他地方政府提供了重要参照。

贵州省政府推动数据开放的突破重点在于更多关注本地特征和发展优势，为多主体合作提供基础和平台。尽管与经济发达地区相比，贵州在经济实力、技术基础等要素方面处于弱势，但依托“政府领跑”“先行先干”发挥比较优势构建跨界融合的产业生态体系，高效集合了市场创新资源，推动了数据应用成效的提升。贵州政府数据开放过程中，地方政府的强势主导和有效布局发挥了重要作用。贵州省政府积极响应中央政策要求，利用国家级大数据综合试验区的产业基础优势，在准备度基础、市场资源吸纳、创新生态培育方面进行了积极引导，推动了数据开放绩效的提升。

（一）行政要素的积极引导

贵州作为国家级大数据综合试验区，数据开放成为国家战略后，贵州省政府将中央政府下达的任务压力转化为对自身的规制与激励，在制度创新、组织体制等方面进行突破，为数据开放确立了政治支持和组织保障，推动了数据开放实践工作依法依规、高效有序的开展。

1. 构建制度和标准体系

第一，贵州发挥试验区的引导功能，结合中央政策要求，建设体现本地特色的数据政策体系。贵州省政府制定了明确的、符合实际的

① 参见〔美〕迈克尔·波特著，陈小悦译：《竞争优势》，华夏出版社1997年版。

各项政策，推动了实践工作的顺利开展，在很大程度上避免了政策缺失、政策偏离等问题。贵州探索制定了一系列较为完备的专门性法规政策，其法治化程度领先全国，与其他地区相比形成了包含数据管理和应用等内容的政策优势。

贵州发挥国家大数据综合试验区的先导作用，构建先行先试的政策体系。贵州率先结合国家发展战略和本地数据开放实践特征，建立起包含总体规划和具体政策的数据开放政策体系，积极探索数据开放立法，政策完整性和系统化程度高。通过优化政策组合策略和内容构成，在开放机制、基础设施、数据利用、产业培育等领域进行政策创新，为数据开放的探索实践提供了政策保障。

在总体规划层面，贵州发布《贵州省大数据发展应用促进条例》《贵州省政务数据资源管理暂行办法》等具有较高等级和法律效力的法规政策。以上政策对数据资源管理、财政资源投入、重点项目建设等具体问题作出指导，明确了数据开发的目标、重点、方式、保障机制等，为促进贵州数据开放工作深入推行，实现政府数据有序流通和有效利用提供了政策保障。

在具体政策层面，贵州省政府根据本地特征和大数据产业发展需要建立体系，强调政府数据资产管理、数据安全管理和主体互联，关注政企合作、政府治理、民生服务、精准扶贫等领域。2015年后，贵州省陆续发布《关于加快推进政府数据聚集共享开放的通知》《贵州政府数据“聚通用”攻坚会战实施方案》《贵州省政务数据资源管理暂行办法》《贵州省政府数据资产管理登记暂行办法》《贵州省政务信息数据采集应用暂行办法》等，在资产管理、部门合作机制、数据采集与开放、基础数据跨部门流动等方面建立配套政策，针对数据开放实践中的痛点难点，对数据开放的法定职责、参与主体、授权许可、数据清单、登记管理等具体问题进行了明确规定，为其他地区搭建政策框架提供了示范。

在数据开放立法方面，贵州省制定了中国首部省级地方性法规。2016年，《贵州省大数据发展应用促进条例》作为中国首部大数据地方法规，就各类政府数据平台及数据系统的互联互通，数据开放与管理实践中各环节、各机构安全保护机制建立等问题首次进行法律规定。[①]2020年，《贵州省政府数据共享开放条例》作为首部省级政府数据共享开放地方性法规，对开放原则与方式、开放程序、监督评价机制等内容进行了法律规定，畅通了开放共享通道。[②]贵州通过制定高法律效力的地方性法规，保障了政策的效力等级和约束力，对实践工作给予有力指导，引领了其他地区的数据开放立法进程。

整体而言，贵州省数据开放政策体系协同性强，政策完整性和系统化程度高，为数据开放的探索实践提供了制度保障。宏观层面，通过规划、方案等明确基本方向，体现了多维度和全面性特征；中观层面，通过条例、意见等确定管理依据，与宏观政策相配套；微观层面，侧重通过标准化实现精细管理和技术指导，推动数据互通和平台互联，体现了精准性和可操作性。一系列数据开放领域的政策实施，从宏观、中观、微观三个层面为贵州省数据开放确立了制度支持，克服了欠发达地区通常存在的经济落后、人才不足、渠道堵塞、产业竞争力弱等弊端，有效推动了数据的开放、流通和利用。

第二，贵州省政府推进数据开放标准化和规范化，作为数据开放及应用的技术支撑。2018年，贵州省获批建设国家技术标准（贵州大

---

① 贵州省人大：《贵州省大数据发展应用促进条例》（贵州省第十二届人民代表大会常务委员会公告2016年第1号），2016年1月15日。

② 资料来源：贵州省人民政府网。

数据）创新基地。基地各专业委员会已主导、参与研制大数据相关标准近200项。贵州省根据数据资源汇聚、跨部门共享、多主体合作利用的基本要求，建立包含数据存储、流动、开放、安全的标准体系。[①]贵州的标准规范体系对于破除条块分割现象，推动数据聚集、互联、流通，提高操作效率发挥了基础性作用。具体而言，贵州省建立的标准规范体系内容涵盖数据采集、资产登记、分级分类、安全保护、平台运行质量评估等方面。

在数据资源采集方面，贵州制定《政府数据资源目录第1部分元数据描述规范》和《政府数据资源目录第2部分编制工作指南》等规范指南，要求在数据采集和开放过程中进行资产化管理，编制资源目录。各部门采集的数据均需在云上贵州平台完成集中登记和分类，以方便省级数据的统筹调度和开放。

在数据资产登记方面，《贵州省政府数据资产管理登记暂行办法》对数据资产计算、管理与估价、元数据分类等具体操作进行了标准化规定。要求对各部门数据系统内部的非涉密数据完成登记，建立资产清单并提交到资产登记平台。[②]这一管理办法解决了数据的分散性问题，有助于梳理和汇集数据，提高数据资产管理效率。

在数据分级分类方面，贵州省《政府数据共享交换与应用管理规范》《大数据清洗加工规范》《政府数据 数据分类分级指南》等提出根据领域、行业、使用对象进行分类，根据敏感性分级，解决了数据分类管理的标准化问题。[③]2020年，贵州省发布4项大数据国家标准，

---

① 资料来源：贵州省大数据发展管理局。

② 贵州省大数据发展领导小组办公室：《贵州省政府数据资产管理登记暂行办法》（黔数据领办〔2017〕19号），2017年7月10日。

③ 白献阳、蔡昱、安小米：《政府数据开放协同机制研究——以贵州省为例》，《图书馆》2019年第9期。

获批的4项标准成果完善了数据开放共享标准体系，推进了跨部门、跨业务、跨级层次数据开放与创新应用。

在安全管理方面，《贵州省政府数据脱敏工作指南》重点保障个人隐私和数据安全。2021年1月，贵州《大数据开放共享安全管理规范》发布，规定了数据安全管理总体要求、数据流通过程、数据开放安全管理和数据共享安全管理。此外，2021年贵州省信息中心重点编制《政务数据平台数据资产管理规范》《主题数据库建设及运行管理规范》《政务数据调度管理规范》《数据资源接口封装规范》等，从安全管理、资产管理、数据库建设、数据调度和对接等方面进行了规范化，进一步提高了数据开放和运维效率。

在数据质量评估方面，2021年5月全国第一个数据质量评估体系——《贵州省数据质量评估体系》发布，在全国范围内首次探索建立了细化、全面的评估体系，为实践工作提供了较为翔实的标准依据。评估体系适用于贵州省数据开放平台接入的各类数据，可对数据全生存周期各个阶段的数据质量进行评价，能够推广用于指导全省各行业、各单位、各部门开展数据质量评估。[①]贵州省依托该评估体系，在重点行业开展数据质量评估、编制评估报告，支撑数字政府建设、服务高质量发展，打造"贵州标准"，为国家开展相关工作奠定了基础。

下一步，贵州省提出标准支撑创新、标准赋能产业的目标，以标准化助力数字经济、数字民生和数字安全。《贵州省大数据标准化体系建设规划（2020—2022年）》提出到2022年建立起更高质量的标准体系，提升先进性和准确性，发挥其影响力和规范功能。在标准化水平方面，增强贵州省参与国际、国内标准化活动能力，加快研究制定通用标准、操作标准和管理标准，并通过实践检验其有效

① 资料来源：贵州省大数据发展管理局。

性和应用反馈情况。

综上，贵州省根据其发展基础建立起包含法规标准、市场策略、技术支持等要素的数据开放政策体系。贵州省通过法规政策和标准规范对数据开放各个环节的操作规范进行明确，根据全面开放、确保安全、分类分级的基本理念，制定了包括采集、管理、共享、交易以及安全等开放政策和技术标准。其政策体系体现了贵州以试验区建设为依托，将数据开放融入大数据产业链的支撑背景和体系建设中，有序指导了不同阶段的实践工作。

2.确立组织体制保障

贵州省的数据开放绩效连续多年位居全国前列，强有力的组织保障为其提供了坚实基础。在推行运动式开放模式还是坚持常态化发展模式这两个选项中，贵州选择了第二项，即构建专业化、规模化的数据开放平台，通过数据资源的整合开放及传递共享，最大化发挥数据价值，同时要求必须将政府数据资源管理作为一项常态化的重点工作，务必做到规范化、高效化管理。在此基础上，关注数据安全、重视价值创造，为提高数据开放水平和收益确立组织保障。贵州省政府多次强调，数据开放工作的高效、稳定、持续开展需要形成长效机制，不能受个人认知调离影响，这就要在体制机制上加以保障，首先是法律保障，其次是规划保障，最后是管理职责，必须有法定部门、机构作为保障。

政府是数据的释放者，政府数据开放主管部门则是数据资源整合、开放的实施者，用以统筹和指挥各部门的工作，因此需要必要的管理权力。政府数据存储于多个部门，条块结构阻碍了数据的整合和应用，因此需要设立独立、专业的数据管理机构，并为主管部门配置相应的资源和权力。贵州省在政府数据开放过程中强化顶层设计，建立起高效主体协同机制，从三个方面进行了组织结构和领导体制的创新。

第一，成立大数据发展领导小组，省长为领导小组组长，分管大数据工作的常务副省长为领导小组副组长，统筹推进数据开放工作。大数据发展领导小组作为决策中心和主体协调中心，审核制定法规政策，确立数据开放总体规划，同时明确各市州及各省直“一把手”成为领导小组成员。

第二，成立大数据发展管理局，这是贵州省第一家省级层面统筹、规划、推进数据开放的专门机构，承担制定数据开放战略、大数据产业政策、拟定标准规范等工作，并统筹协调和组织实施平台建设、资源存储、隐私保护、安全管理等工作。①省大数据产业发展专家委员会提供决策咨询，各地州也设置相关的大数据发展机构，形成一个完整的链条。

第三，参照扶贫指挥长制和生态河长制，建立数据云长制，进行了行政系统内部的创新示范（如图4—2）。②各地州、各直属部门“一把手”就是这个“云”的云长，负责本地数据开放工作。③云长对整个工程负总责，副云长主要负责细节方面的引导与推进，如政策制定、应用推广、安全管理等，并明确具体实施的业务部门及责任主体、联络人，由其负责加快云工程建设、解决数据开放问题、推进项目建设、维护数据系统、上架数据目录等具体工作。

贵州省的横向协同和纵向协同机制，既保障了领导权威，对数据开放进行有力指导，也通过明晰部门职责分工，促进了数据资源流通和管理协同。贵州通过详细规定各部门云长的职责，以及云长制办公

① 资料来源：贵州省大数据发展管理局。

② 贵州省大数据发展领导小组：《全面深化推进“云长制”工作方案》，2017年4月27日。

③ 《省人民政府办公厅关于全面推行云长制的通知》（黔府办发〔2017〕57号），2017年10月。

室具体承办的协调、调度、稽查考核、信息报送等日常工作，有助于明确工作组织、工作机制和考核方式，整合各个职能部门，使数据开放以及“聚通用”成为各部门的日常工作，为创新治理体系、实现主体互联提出了可供借鉴的思路。

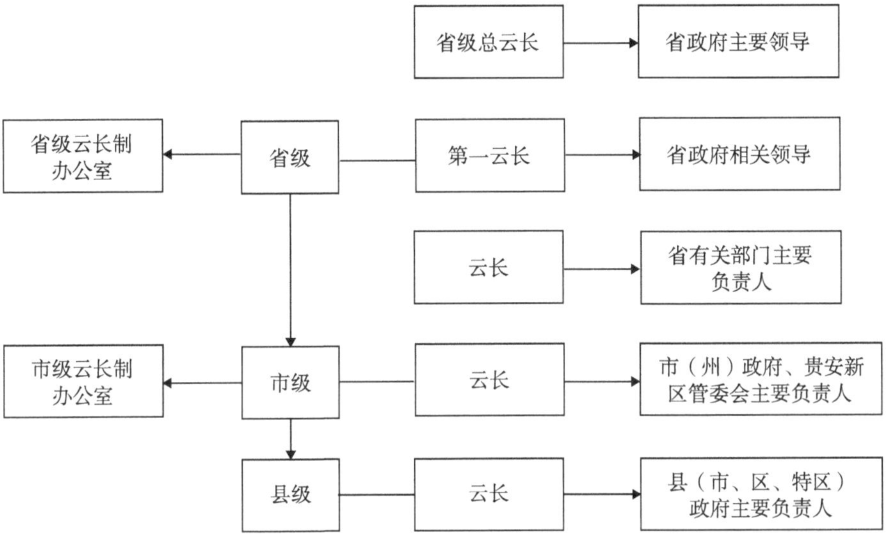

图4—2　贵州“云长制”工作格局

资料来源：《全面深化推进“云长制”工作方案》，经作者整理。

（二）市场创新资源的吸纳

贵州省政府深刻认识到要素视角下的政府数据开放，要求更加强调数据价值的市场转化与数据创新收益。对于财政能力、技术基础、社会需求不足的贵州来说，充分利用本地大数据产业优势，成为其推动数据开发和应用的重要抓手。贵州发挥其试验区的先导作用和影响力，提升对数据产业和科技企业的吸引力，促成大量产业、项目的落地，形成集聚效应。

由于贵州省本土创新能力较弱，产业升级和技术突破的内在动力不足，必须吸纳更多外部创新力量以推动本地数据产业发展和创新突破。贵州省数据创新和应用取得快速进展的关键是吸纳优质企业入驻本地。贵州依托“政府领跑”“先行先干”发挥自然资源的比较优势，并加强基础设施和平台建设，吸引大量优质企业入驻，为数据资源创新开发和应用提供了基础。

在吸引外部资源推动数据开发方面，贵州省发挥其区位优势和产业优势，积极推动政企合作，形成较多数据开发和应用成果。贵州在夯实基础设施、建设创新平台、优化营商环境、探索合作模式等方面的“有形扶助之手”发挥了关键性作用，使贵州数据开放在起步阶段抢抓机遇获得迅速发展。如果缺少省级政府的有效扶持和主导，贵州即使拥有自然资源、气候生态等有利区位优势，也难以快速突围。由于贵州在经济、技术、投资环境等方面的弱势明显，如果没有政府的政策扶持和有形推动，数据开放的推行将面临重重阻碍。

1. 挖掘本地资源优势

贵州基于本地的客观资源禀赋特征，选择以数据存储和呼叫中心为重点，利用本地区域特色和不可移动资源确立起数据产业的独特竞争优势。数据中心负责数据存储，是数据产业的基础。由于数据中心具有大型设备多、耗电量和散热量大、对环境稳定性要求高等特征，通常选择在电价和土地价格更低、人口密度低的欠发达地区进行建设。

贵州适宜建设大型数据存储中心的特殊资源优势包括：一是贵州由于全年温度适宜，空气污染小，可以减少数据机房用于温度控制及除尘的资金投入；二是贵州地质稳定，地震等自然灾害少，有利于保障数据中心的安全，使机房和设备不宜受到地质灾害的威胁，在很大程度上减少了无法人为估计的自然灾害可能造成的巨大损失；三是贵州水电资源相当充足，因此可以保障工业的高用电量，且电价在全国范围内属于较低水平。①为进一步降低用电成本，推动产业变革，2016年贵州下调了大工业企业和数据中心的电价，有效减少了数据产业的日常运营支出。由此，贵州有效利用其自然生态、地理位置、能源资源等先天资源禀赋，将潜在优势转化为实际优势，成为国内外有影响力的大数据企业集聚地，并打造了一批全国级的本土行业标杆企业和重点数据中心，为政府数据资源开发和创新提供了技术支撑。

2.优化基础设施和创新平台

在发挥自然资源优势的基础上，贵州从基础设施建设和平台建设入手，建立涵盖数据共享、流通及应用的合作链条。在基础设施方面，贵州在贵安新区等产业园区积极铺设信息设施管网和高容量光纤骨干网，并在城市全部公共场所实现无线网络全覆盖。另外，贵州将互联网出省带宽提高了十倍以上，为数据存储等基础设施建设提供了必要支持。②针对由于行业分散造成的数据孤岛问题，贵州提出“块数据”理念，推动数据跨界融合，在全国首次探索建立起政企数据交换共享平台即云上贵州，促进了数据在各行业的开放融合和协作利用。

为解决数据技术人才不足的问题，贵州与先进地区合作建设数据创新平台。自2015年起，贵州开始建设多个大数据战略重点实验室和产业孵化平台，推动数据创新、技术突破和成果转化。2016年，贵州建成数据产业技术发展中心，以推动数据技术实验和创新性研发、知识技能培训以及技术和成果孵化三个重要创新维度的融合。③贵州探索通过产业推介会、数博会传递云上贵州的建设理念，结合商业模式大

---

① 曾帅：《从无中生有到风生水起——大数据成为世界认识贵州的一张靓丽名片》，《当代贵州》2022年第17期。

② 刘骏、章寅、袁剑锋：《国家大数据综合试验区（贵州）发展战略及对策》，《经济研究导刊》2022年第30期。

③ 资料来源：贵州省政府数据开放平台。

赛等方式进行产业孵化和鼓励创业，并与北京等地合作建设科技园区，与先进地区的创新资源和技术项目合作，将政府数据开放与创新创业行动相结合。另外，贵州设立数据产业基金，建设不同类型的数据投资平台，在贵阳等地多次举办国际级数据产业博览会，通过各类基础项目和合作创新平台的建设，推动和支撑了贵州数据创新和技术突破。因此，贵州省政府作为数据开放起步阶段的关键行动者，通过强化本地资源禀赋，完善基础设施和平台建设，吸引先进企业入驻，推动了政企联动关系的建立。

3.培育本土创新能力

贵州省发挥本地特色优势吸纳大量优质企业，并探索各类合作模式有效推动政企合作和地区交流，但数据的政用、商用、民用价值需要进一步挖掘，数据创新和应用成果质量亟待升级。贵州省数据开发和应用成果升级的中心任务是完成从“机房经济”到“数字经济”的跳跃，本地技术基础、科技人才和创新竞争力不足是其数据开发成果质量提升的主要桎梏。①因此，贵州通过完善基础设施，搭建创新平台，优化营商环境，为利用市场资源推动数据开发应用提供了基础，并进一步通过培育创新能力、突破核心技术等方式，促进了数据开放与创新成果竞争力的创造。

贵州省致力推动数据资源的创新升级和深度应用，从以下两方面创造技术创新的有利条件：一是聚焦数据分析、研发等技术密集型核心环节，支持掌握关键创新能力的高端要素成长，为本地前沿创新企业和组织提供场景化创新实践和成果孵化与产业化的机会，形成数据增值和深度开发的核心技术支撑。二是支持和鼓励数据应用和成果转

① 卢锋华、王昶、左绿水：《跨越政策意图与实施的鸿沟：行动者网络视角——基于贵阳市大数据产业发展（2012—2018）的案例研究》，《中国软科学》2020年第7期。

化，培育典型应用示范项目，为应用场景建设、成果商业化和发展模式创新提供支撑。在构建创新生态方面，贵州与国外先进机构合作搭建技术平台，与硅谷、班加罗尔等地合作，先后建设协同创新中心、核心技术研发中心、数据工程中心等，为进行深度合作和技术交流创造了条件。另外，贵州积极帮助本地企业进行技术升级，支持建设自主研发中心，促进先进技术自主创新，培育本地龙头骨干企业。

贵州省围绕建设国家大数据综合试验区，通过健全基础设施、优化营商环境、合作先进企业、推动创新应用，培育了独具特色的数据开放与创新生态系统，提升了贵州数据开放的整体竞争力。贵州将政府数据开放的重点方向与本地基础条件和发展特征相结合，使得贵州发挥了国家试验区的先导和示范功能，并因此获得了国家持续性的政治推动和政策支持，实现了地方自主创新和中央政策支持的相互促进和良性循环。

贵州自2016年建成省级政府数据开放平台后，2017—2021年数据开放综合指数始终排名全国省级前四名，在数据开放准备度以及数据开发应用成果方面持续领先全国，成为中西部地区率先突围的代表。这反映出贵州省地方政府以制度建设和组织保障为基础，为政府数据开放提供政治支持和方向引导，并有效发挥其大数据产业优势，吸纳和集聚市场创新要素，推动数据资源开发和成果应用，形成了数量多、应用性强、利用主体和形式、主题丰富的有效成果，发挥了数据资源的巨大价值。

四、路径特征与启示

贵州省以产业要素为抓手，突破历史条件的障碍，进行了路径主动突破，探索形成了以制度和组织创新为核心、以要素禀赋为支撑、以数据产业为主线、以数据应用为导向的数据开放竞争优势。贵州作为综合试验区，拥有国家层面的政策优势，省级政府对于数据开放尤为重视，从行政层面的要素着手进行路径突破，支持数据全面开放和产业与技术集聚、建立数据生态体系等，以政府公共政策供给侧改革寻找到新的发展路径，进行因地制宜、契合实际的政策创新。同时，大数据产业发展为政府数据开放提供了市场基础和需求，贵州省通过进一步建设基础设施，改善营商环境，吸引外部创新资源，将欠发达地区的后发优势转化成了发展动力，推动了数据价值创造。

另外，贵州数据开放的创新性发展之所以能够实现，这与其先前积累的基础条件和政策环境密切相关。这些基础性要素既包括物质条件，如资金、设备、技术、交通、人力等，也包括政策软环境，如政策体系的完善、实干精神的塑造、开放氛围的形成、服务于民理念的深化等。这些基础条件的完善是政策创新得以发挥作用的土壤，是数据开放达到预期目标的前提，是贵州实现赶超的基础。

综合来看，在数据产业的驱动下，贵州省政府数据开放绩效提升迅速，但其可持续发展仍存在问题，表现为支撑数据开发的技术基础与信息化发展表现较弱。贵州虽然引进了一批国内外知名的数据企业，数据产业规模迅速扩大，但在整个大数据产业链中缺乏本土核心企业，而且较少有领军企业。技术能力是产业成长的核心竞争力，也是政府数据深度开发利用的基础。近年来，贵州逐渐加强对数据领域核心技术创新的引导和支持，但其技术基础以及创新资源投入与经济发达地区相比仍存在明显落差。目前，贵州整体数据技术水平和研发水平较低，数据创新指数居于全国后位。

根据产业发展理论，当产业集聚效应生成后，其自我强化的内部动力及有利的外部环境将推动产业规模的迅速扩张，此后其区位优势的影响力将逐渐减弱，产业的可持续发展将由其自我成长和创新能力进行驱动。贵州省数据开放的深入发展过程中，在创新资源的集聚效应形成之后，其地理比较优势和政府主导下的政策优势的推动作用减弱，技术能力、创新潜力、持续能力作为内在关键性因素将成为新的核心动力。在贵州省政府数据开放的快速发展阶段，政府起到了关键性的持续引导作用，而其未来核心竞争力的形成则依靠进一步提升技术创新能力以实现自我加强和自我持续。贵州省应在信息技术基础、技术研发实力、高端人才储备等方面实现突破，以取得更加长远和更具影响力的进展。

第三节　行政驱动型——以江西省为例

江西省地处我国中部地区，与邻近省份如广东、浙江、福建等地相比，江西省在经济水平、产业发展、城市建设等方面均存在一定差距，数据开放的资源基础较为有限。江西省将数据开放作为地区发展的新动能，对数据开放进行了重点引导和规划，通过完善顶层设计，优化政府数据开放法规政策，加强组织保障等举措，保障了数据开放工作依法依规、高效有序开展。尽管江西在经济实力、产业基础等要素方面存在不足，但依靠行政要素驱动，取得了较高的数据开放绩效，在中部地区表现突出。

一、发展基础：经济实力和产业竞争力有限

（一）经济总量进位但竞争力较弱

江西与浙江、福建、广东等经济发达省份接壤，叠加多个经济带、城市圈的经济辐射，是离港澳台最近的内陆省份，承接了大量产业转移。2012年以后，江西经济增速明显提升，年均增长超过8%，经济总量在全国排名位次逐渐上升。2021年，江西省GDP突破2.96万亿元，相比十年前增长翻倍，人均GDP突破1万美元，居全国第15位。[①]总体而言，江西经济总量在全国排名中得到提升，但在人均水平、产业结构、投资热度等方面仍落后于邻近经济发达省份，甚至有“经济洼地”之称。

（二）数据产业规模和创新能力不足

在数据产业基础、创新活力方面，江西存在较明显的短板。一是产业总体规模仍较小，占GDP比重偏低。2021年，江西数字产业化规模占GDP比重不足4%，在全国范围内属于较低水平；二是头部企业偏少，行业核心技术偏少，竞争力偏弱，高端领域发展欠缺。本土企业技术和服务竞争力不足，信息化领域竞争力较强的企业数量较少；三是科技创新水平不高，核心技术掌握能力不足。本地创新型企业数量较少，高技术研发模块主要依赖省外，无法满足众多行业、企业的数据需求。2020年，江西省研发经费投入强度为1.68%，列全国第17位，居中部第四；[②]四是数据人才较为缺乏。数据技术人才普遍缺乏，尤其是缺少既精通业务又掌握技术的复合型人才，尚未形成数据技能人才

① 资料来源：江西省信息中心。

② 数据来源：《江西省数字经济发展白皮书》，江西省信息中心网站。

培育体系。目前，江西省内仅有一所211大学，没有985高校，本地化的科研队伍实力较弱，人才引进、培养、评价、激励和保障等政策尚不完善。

综上，江西省近年来经济增速保持领先，经济总量实现进位，发展环境得到优化，但整体经济实力落后于邻近发达地区。在数据产业基础和竞争能力方面，江西数据产业规模不高，本地创新企业、经费投入、高端人才不足，尚未建立起政产学研合作的成熟机制。与邻近经济发达省份相比，江西在整体经济实力、产业竞争力等方面存在一定差距。总体而言，江西省数据开放与创新的基础性要素有限，因此数据开放需要地方政府充分发挥引导作用，有效分配政策、组织等行政资源，提供明确的路径引导和政治支持。

二、发展过程

2018年，江西省建成省公共数据开放平台，是我国较早正式进行数据开放的省份。同年，江西省出台《加快推进全省政务数据共享工作方案》，提出建设数据共享一体化机制，完成政务信息资源目录及数据共享责任清单编制。江西省提出政府数据开放需聚焦群众办事堵点问题，为企业和群众在证照办理、税费登记、社保补缴、商事办理、旅游出行等应用场景中提供实际便利。

2019年以来，江西省落实国家战略部署，政府数据开放建设进展明显。江西省要求政府部门实现数据的全开放，推动数据的社会化利用，积极与领先企业、科研机构建立合作关系，培养和引进高质量、高水平的数据技术人才。江西省建设数据创新创业中心，为江西产业创新发展和中小微企业提供数据资源和平台工具，在警务智能化、精准扶贫、生态环境、城市大脑等方面推动政府数据相关领域应用，为政府、企业和全社会提供数据支撑和创新创业服务。围绕智慧政府、公共服务、社会民生等方面，江西省举办三届数据创新应用大赛，吸引社会企业和个人参与数据应用。2022年，江西省出台《江西省政务数据开放管理办法》，要求率先开放医疗、环保、交通等领域数据，鼓励企业的开发利用和创新活动。

近年来，江西省政府数据开放绩效提升明显，2018—2021年4年江西省数据开放综合指数累计分值居全国第7，在中部地区排名第2，体现了其数据开放工作在4年间的持续稳定进展。江西省政府数据开放综合指数自2019年起在我国省域排名中位次逐年上升，从2019年全国省域第13名上升至2020年全国省域第11名。2021年江西数据开放综合指数排名全国省域第8名，首次进入全国十强，在我国中部地区排名第1，成为取得较高数据开放绩效的中部欠发达地区的优秀示范。

三、路径选择：行政赋能提供坚实支撑

江西省政府提出提升创新引领发展能力的目标，关注政府数据服务能力的提升。顶层设计与基本准备是数据开放的基础，尤其对于基础性要素不足的江西省来说，江西省政府加强一体化和全局性的统筹，建立健全数据开放政策体系，建立管理机构和工作机制，将政府数据开放列入全省重点工作进行常态化推进，保障了本地政府数据开放水平的稳步提升。江西省政府数据开放发展路径表明，如果数据开放获得了充足的政府注意力资源，即使不具备突出的经济、技术或环境要素，也能以制度和组织变革为抓手，发挥行政要素的支撑作用，为数据开放工作提供全方位的规划、支持和保障，克服既有基础条件的限制，实现政府数据开放的绩效提升。

（一）法规政策完整性和专业性的提升

政府数据开放法规政策是推动数据开放工作的关键因素，江西省政府建立起符合本地发展需求的专业性和针对性强的政策与标准体系，对数据开放工作的总体目标、责任分配、阶段重点工作、技术操作等问题进行明确规定，促进了数据开放工作的顺利推进，较为有效地减少了政策不清、标准不一、执行偏差等问题。

1. 健全政策体系

政府数据开放政策体系由基本政策、具体政策、保障政策构成。[①]基本政策包含总体规划或战略方向；具体政策涉及数据采集、发布、监督、利用、维护等政策内容；保障政策包括隐私保护与数据安全等内容。[②]总体来看，江西省已经建立起涵盖基本政策、具体政策、保障政策的完整体系，反映出政府数据开放发展阶段和政策体系的成熟。江西省通过基本政策对数据开放工作进行全面部署和整体规划，通过具体政策明确实践工作的执行标准，通过保障政策维护数据安全环境和使用秩序，夯实了政府数据开放工作的基石。

在基本政策方面，江西政府数据开放基本目标清晰。《江西省大数据发展行动计划》提出以建设“云上江西”为核心，搭建数据服务和产业生态体系。《促进大数据发展实施方案的通知》提出提高政府数据治理能力和服务水平的总体目标，以及推动开放平台建设和推广数据应用、培育数据产业生态等主要方向。此后，《江西省数字政府建设三年行动计划（2020—2022年）》《江西省数字政府建设三年行动计划（2022—2024年）》等政策总结了全省数据开放发展现状，进一步提出

---

① 张国庆：《公共政策分析》，复旦大学出版社2014年版，第74页。

② 白献阳、孙梦皎、安小米：《大数据环境下我国政府数据开放政策体系研究》，《图书馆学研究》2018年第24期。

建立科学精准的数字决策体系、打造全方位多领域的综合监管体系、建立共治共享的协同治理体系、构建便捷普惠的公共服务体系等建设目标。以上政策从较宏观的维度明确了数据开放的目标、方向、原则、范围、战略规划等内容，发挥了战略导向功能。

在具体政策方面，江西省建立起包含数据采集、开放、数据利用等内容的政策体系。《江西省政务信息资源共享管理实施细则》对全省政务数据资源管理与共享开放、网站和信息系统建设提出要求。《关于加快推进全省政务数据共享的工作方案》提出统筹建设全省一体化的数据体系的目标，明确了编制《江西省政务信息资源目录》和《江西省政务数据共享责任清单》，提出政务数据按需开放、安全应用、高效服务的主要任务。此后，《江西省政务信息系统整合共享实施方案》等具体政策进一步明确了数据组织、数据发布、数据质量、数据利用等政策内容，作为对基本政策的解读和细化。另外，自2018年起，江西省每年发布《江西省政务信息资源开放责任清单》，对政务信息资源的开放部门、信息名称、信息项和更新周期进行明确说明。江西省数据开放的具体政策内容衔接和连贯，为实现全省政务数据系统高效联动、数据资源有序共享和交换、部门业务协作和服务效率提升提供了制度基础。

在保障政策方面，江西省相关政策法规体现了对于公众获取数据权利和数据安全保护的重视。《江西省公共数据管理办法》《江西省数据条例》等具有较高法律效力的政策规章中提出明确公共数据的采集范围，保障公共数据利用主体的合法数据权益。在数据安全管理方面，明确了侵犯公民数据权益和个人隐私的法律责任，要求建立个人信息保护和安全管理机制。对机密数据和信息泄露等危害数据安全的紧急情况实行事前预警及动态监控，建立数据应急管理和环境监测体系。

以上政策保障了公民个人的基本权利，明确了获取和使用公共数据的基本规则，体现了对数据安全和合法使用的关注。

2.优化政策工具组合

政策工具能够将宏观政策目标转化为具体行动的路径和机制，进而保障执行效率。①关于政策工具的分类，在现有政策分析研究中，被广泛采用的框架将政策分为环境型、供给型和需求型。②环境型政策强调维护法规政策、安全体系、数据获取权限等外部环境是数据开放持续推进的必要保障；供给型政策突出政府对数据开放的主导和推动作用，包括提供经济支持和基础设施、培训相关人员、提供开放环境等；需求型政策关注政府外部主体，如企业、研究者、公民个人等对数据开放的拉动作用以及在数据开发利用过程中的功能发挥。③

江西省政府数据开放政策包含了供给型、需求型、环境型三类。其中，供给型政策数量最多，环境型政策次之，需求型政策较少。可以看出，目前江西省政府以直接引导和推动的方式为主，发挥行政机构的主导作用，采取制定战略规划、推动部门合作、建设开放平台等措施积极推动数据开放实践工作的有序展开，运用供给型政策产生直接推动和助力作用；环境型政策占比不断提高，体现出政府对数据安全和公民隐私及权益保护的重视，通过完善相关政策规范，明确相关部门的评估与问责方式，为数据安全管理提供了必要的外部保障；需求型政策逐渐受到关注，政府意识到调动外部力量的作用，尝试探索

① 陈庆云：《公共政策分析》，北京大学出版社 2011 年版，第 20 页。

② Roy Rothwell，Walter Zegveld，“Assessment of Government Innovation Policies”，*Review of Polocy Research*，Vol.3，No.3，1984，pp.436-444.

③ 陈兰杰、赵元晨：《政策工具视角下我国开放政府数据政策文本分析》，《情报资料工作》2020 年第 6 期。

合作开发模式，推广政府与企业、公民的合作与互动，培育开放创新的社会氛围。

就政策工具内部而言，江西省供给型政策以基础设施、资金投入、技术标准等内容安排为主，对政府数据开放的阶段性目标和工作重点进行规定，包括优化数据开放平台、建设数据中心、制定政府数据开放目录清单等，为开放政府数据提供了良好的基础条件。这体现了江西省政府能够对数据开放进行宏观规划和总体安排，同时关注开放政府数据的载体构建，政府对于开放政府数据的软硬件基础设施和发展条件有较为明确的认知。例如，《江西省公共数据管理办法》要求重点建设开放平台、确定数据开放清单，并在资金保障方面提出在财政预算中设置专项资金。《江西省数据条例》增加了对于公共服务、资金投入、教育培训的关注，要求重点关注数据人才的引进和培育，以及为数据设备引进、网站更新和维护、可视化设施等提供财政资金支持。相关政策涉及数据开放工作的实施操作层面，有效地保障了实践工作的平稳有序推进。

在环境型政策方面，江西省提供了包含部门职责、安全保护、行动规范等内容的具体政策，目的是维护数据开放与安全秩序、明确相关主体权责和工作目标，保障数据开放预期效果的达成。针对部门间关系协调和权责明晰、政府与其他主体互动、数据开放和监管程序、数据资源使用效率等问题，江西省通过确立程序和秩序，制定相关的标准规范，为政府数据开放机构、数据利用主体的实践活动提供了法律依据和指导标准，明确了相关政策的时效性和作用范围。为解决开放政府数据实施的阻碍因素，如安全管理和隐私保护等，江西省政府完善相应制度，通过维护数据安全秩序、确定操作规范、划定行为边界等方式降低数据开放预期风险，为政府数据开放创造安全稳定的外部环境。

在需求型政策方面，江西省以数据资源合作开发和社会化应用为重点，具体涉及政府采购、部门管理、用户补贴、服务外包等内容，体现了政府对与企业、公众合作与交流的重视，例如，相关政策明确了将数据处理、应用服务开发等部分工作外包给技术企业，对进行数据开放所需软硬件材料和设备的采购工作，给予相关单位和个人数据使用的成本补贴等。江西省相关政策体现了对数据资源有效利用的强调，鼓励有能力的企业和机构与政府合作完成数据开放工作，借助市场和社会力量推动数据价值的深度挖掘和潜力开发。

综上，江西省在数据开放法规政策建设方面表现优秀，为数据开放实践奠定了制度基础。在政策完整性方面，江西建立起包含三大类别的政策体系，根据国家战略要求，制定包含数据开放意义、目标、原则、范围、战略规划等宏观层面的基本政策；制定和完善政府数据开放行动计划、数据采集、开放、监管、利用、维护等具体政策，加强对相应政策的解读和细化，形成更完善和具有操作性的政府数据开放行动计划，确定阶段性目标和任务。在保障政策方面，维护数据安全和公民权益，制定安全管理办法，规范数据管理活动、流程和方法，降低数据安全风险。在政策工具选择方面，江西省覆盖了供给型、需求型、环境型三类政策工具，根据数据开放目标和重点平衡政策工具的内容。江西省发挥供给型政策的基本保障作用，增强需求型政策的合作引导力量，强化环境型政策的外部氛围营造，根据实际情况对政策工具的运用进行均衡性调整，从需求出发优化各类政策工具的供给比例，在很大程度上解决了政策覆盖面和利用率低的问题。

（二）组织体制和工作机制的保障

1. 设立主管部门和明确工作职责

在法规政策提供数据开放制度保障的前提下，政府数据开放要求专业管理机构发挥统筹协调功能[①]，建立高效的组织体制，对数据审核和开放、数据质量管理、安全保障、利用评估等工作进行丰富化和可操作化，推动政策目标的实现。[②]江西省通过建立数据开放主管机构、明确各部门职权，为数据开放确立了组织保障，有效地协调了各部门业务关系，明确了数据开放各环节的流程和标准，提升了数据管理工作的专业性和效率。

第一，在主管部门设置方面，2018年江西省大数据中心在江西省信息中心挂牌成立，承担全省公共数据共享和开放、数据关联技术及标准规范研究、信息基础设施建设等任务。[③]大数据中心主要负责数据开放指挥工作、建立考评通报制度、督促部门落实等。为发挥组织领导作用，江西省成立了以省长、副省长、各部门负责人等为基本构成的领导小组。领导小组下设办公室，主任由省秘书长担任，副主任由副秘书长、省发展改革委主任担任。为保障数据开放工作的专业性，设立公共数据专家委员会，为数据开放重大项目和社会关注度高的争议事项提供专业化建议和决策咨询。另外，省政府各部门明确一名数据专员，负责本部门数据管理。

第二，江西省明确主管部门职权，以协调统筹各业务部门的数据管理工作。[④]江西省在《江西省公共数据管理办法》《江西省数据条例》

① 沈亚平：《“大数据”时代政府数据开放制度建设路径研究》，《四川大学学报（哲学社会科学版）》2014年第5期。

② 侯人华、徐少同：《美国政府开放数据的管理和利用分析——以www.data.gov为例》，《图书情报工作》2011年第4期。

③ 资料来源：江西省信息中心网站。

④ 郑磊、高丰：《中国开放政府数据平台研究：框架、现状与建议》，《电子政务》2015年第7期。

等法规和政策中对数据开放相关部门的职责作出了具体明确的规定，有利于推进部门间的分工协作，保障工作效率。根据《江西省公共数据管理办法》，省网信部门承担数据开放的指挥协调、统筹推动、安全监管等工作，省人民政府的工作内容包括数据开放工作的日常推进及各种规范、文件制定等，省大数据中心主要负责数据平台的建设与维护，公安机关、保密和信息管理部门承担数据安全保护等相关工作。

2. 建立协调机制和工作流程

专业性管理机构的建立是数据管理工作实现精细化的基础，同时建立有效的跨部门协调机制、工作流程，可以保障数据管理和政策执行的效率。①江西省建立起有效的数据资源管理、项目管理、资金保障、队伍建设等工作机制，以保障数据开放工作的高效推进。

在数据资源管理方面，江西省建立标准规范体系，完善数据资源采集汇聚规则和技术规范，健全保障和共享应用的审查机制，有效保障了政府数据合理汇聚、安全存储和有序调度。江西省编制全省一体的数据资源目录，跨部门、跨领域、跨区域数据流通的障碍基本破除，促进了公共数据的高效配置与安全流动。

在项目管理方面，江西省要求财政投资的省级信息化项目需由省发展改革委审核，并交大数据中心根据安全、效率等标准进行评审。评定过程要求信息安全部门和相关部门参与，以保障审查的公正性与客观性。另外，由大数据中心负责组织建立各类专家库，在信息化和数据开放项目评定与建设过程中提供专业性的决策支持，以保障项目的科学布局和精准投入。②

---

① 郑磊：《开放政府数据的价值创造机理：生态系统的视角》，《电子政务》2015年第7期。

② 江西省人民政府办公厅：《关于加快推进全省政务数据共享的工作方案》（赣府厅字〔2018〕95号），2018年9月29日。

江西省财政为通过评审的信息化项目提供经费支持，根据部门预算，为数据库建设、平台和系统改造、数据分析和开发示范等工作提供资金保障，并探索为临时性和科技性项目建设财政预算资金池。江西省探索实行了联合审批、开放通道等高效、新颖的项目管理方式[①]，符合数据开放项目部署和拓展的要求，有助于提升项目建设效率。

在队伍建设方面，江西省将政府数据开放建设列入各级政府机关领导干部和公职人员培训计划，以培养公职人员的数据素养，锻炼其实际操作技能。鼓励引进具有信息化和大数据专业背景的优秀人才，进一步优化人才选任机制，增加选拔渠道，建设一支熟悉行政工作且能够使用信息技术和数据系统完成专业工作的数据人才队伍。推动建立“首席数据官”“数据专员”，并建立数字政府专家委员会和省级专家库，为政府数据开发日常工作建设提供了决策参谋和智力支撑。

四、路径特征与启示

推动政府数据开放、提升政府服务效能成为江西省在新时期优化治理体系、提升地区竞争力的新要求。江西省政府提出从推进政府自身改革开始，以政府信息化转型驱动治理方式变革，推进政府数据开放、决策水平和履职能力提高，运用系统理念推动数据资源的有效整合和集成创新。江西省通过完善数据开放政策体系，丰富政策工具和政策内容，提供了数据开放的制度基础，并通过设置保障政策落实的组织机构，建立包含项目管理、资金分配、队伍建设等方面的工作机制，保障了数据开放实际工作的专业性和效率性。

近年来，江西省数据开放成效明显，数据制度体系逐渐完善，数

① 江西省人民政府办公厅：《江西省数字政府建设三年行动计划（2022—2024年）》（赣府厅字〔2022〕49号），2022年7月2日。

据应用试点工作有序推进，促进了政府数据的市场化应用，形成了一批优秀应用成果。2021年，江西政府数据开放综合指数居全国省域第8位，居中部地区第1位。2018—2021年4年累计分值居全国第7位，居中部地区第2位，成为少数数据开放绩效居全国上游的中部地区。江西省数据开放建设的经验表明，尽管不具备明显的社会和产业优势，但凭借政府对数据开放建设的组织推动与政策支持，可以依靠行政要素驱动取得数据开放的高绩效。

第四节　社会驱动型——以广西壮族自治区为例

广西壮族自治区于2020年上线公共数据开放平台，平台上线时间较晚但数据开放绩效表现优秀，广西政府数据开放综合指数2020年在全国省级政府排名第10位，2021年排名升至省级第6位。尽管广西在财政资源、数据产业基础、数据创新水平和应用成果数量方面与经济发达地区存在一定差距，但由于在激励社会需求和引导公众参与方面的良好表现，依靠社会要素驱动提升了政府数据开放绩效。

一、发展基础：社会参与基础逐渐稳固

在经济基础方面，近年来广西经济规模和经济增速落后于周边的中西部省份，在全国排位呈下降趋势。在产业基础方面，广西产业基础和竞争力薄弱，对于高质量发展的支撑明显不足。在社会基础方面，伴随广西公共数据开放规模和质量提升、公共基础设施完善，社会公众参与数据开放的意愿明显提升，成为广西政府推动数据开放提质增

效的重要突破。

（一）经济水平和产业基础薄弱

在经济水平方面，广西作为我国少数民族自治区，经济实力总体处于全国中下游水平。近年来，我国对中西部地区的发展给予了政策帮扶和财政支持。但与周边省份相比，广西的发展成效不够理想，经济增速较低，连续几年排位下滑。受国内外经济环境影响，广西的经济发展前景不容乐观，经济增速呈下降趋势。“十二五”之后，广西的经济下行态势更加显著，下降幅度大于全国及周边省区，其中既有外部环境的影响，也有内部自身发展的结构性问题，反映了传统的发展模式难以支撑新时期的发展要求。2021年，广西GDP总量排名全国省级第19位，人均GDP排名第25位。[①]广西与周边省份的差距增大，重庆、云南等地区已将广西反超。

在产业支撑方面，广西工业发展基础较弱、抗风险能力不足。从横向对比看，广西工业化进程滞后于邻近省份，对于经济高质量发展的基础性支撑不足，表现在优势产业发展不突出，传统产业、过剩行业占据主导地位，集中分布在中低端产业链条，行业断层缺位情况严重[②]；大部分特色行业位于价值链底端，产业影响力和竞争力不足，高附加值、高技术产业基础薄弱。目前，广西存在动能转换不畅、产业关联度不高和结构不合理等明显问题，产业发展无法为驱动其经济回升提供充足动力。[③]在新形势下，广西应构建优质、高效、稳健的产

① 李美莲、张卫华：《新发展格局下广西产业结构与经济增长的适配性研究》，《经济研究参考》2022年第5期。

② 李美莲、张卫华：《工业振兴发展背景下广西构建跨境产业链的对策研究》，《市场论坛》2021年第8期。

③ 张卫华、李美莲：《广西产业韧性发展的短板弱项与突破策略研究》，《经济研究参考》2020年第14期。

业体系，加快产业结构转型，支持新兴产业发展，创造经济发展的新动能。

（二）社会需求增加和参与基础建立

2018年以来，广西提出以数字智能为导向，推动数字政府治理和服务水平提升，构筑数字广西“新基座”。广西持续完善数字基础设施，数字政府建设成果显著。2020年，广西正式建成政府数据开放平台后，通过持续提升开放数据数量、质量、可用性，完善信息和网络基础设施，为社会公众参与数据开放提供了基础。

1. 提升数据质量，激励参与需求

在社会需求方面，首先，广西的政府数据开放的受众量较大，即拥有较大比例的文化水平较高的网民群体。近年来，广西全省网民数量不断增加，人员构成愈发多元化，整体而言网民素质明显提升。相关资料显示，2019年全省文化程度在大专及以上的网民比例超三成，表明其具备较好的教育背景和知识技能。其次，广西互联网普及率超过全国平均水平，网络购物、线上课程、在线打车等领域发展迅速，其业务范围和用户量领先全国[①]，这些领域的发展也导致数据量和数据流的增加。网络环境的优化和网民规模的持续扩大，不仅拓展了公共数据来源，也反映了广西拥有较好的公众参与基础。

在数据开放数量方面，截至2022年1月，广西公共数据开放平台已向社会开放公共数据5.6亿条，发布数据开放应用成果140个。比2021年上半年数据总量增加4.3亿，应用成果数量翻三番，呈高速上升态势。开放数据在政务服务、企业经营、文化服务等领域的应用范围

① 《我区加快构筑数字广西“新基座”》，《广西日报》2022年8月10日。

持续拓展。[①]广西进一步提出建立高效的数据供需对接机制，以应用场景为牵引，各级各部门完善审批流程，保证需求响应的实时性，推动供需精准对接，以及利用溯源对比、智能纠错、关联分析等先进技术保障开放数据的精准度和可信度，提高开放数据的完整性、准确性、可用性。

在数据开放质量方面，首先，关于数据的时效性，广西壮族自治区公共数据开放平台对数据集更新作出要求。一是定期更新和补充已开放的数据集，对其进行更新或修改后在平台规定期限内及时开放。二是未开放过的新增数据集，相关机构收集后应及时进行开放，并根据其特征和性质确定更新周期和发布格式，保障开放的实时性和稳定性。其次，关于数据完整性，广西公共数据开放平台开放公众对交通出行、教育科技、卫生健康及社会民生等方面的需求较高的重点数据集，并根据需求调查和意见反馈调整开放范围和数量，对已开放数据进行定期质量监测和评估，保障开放数据的质量和针对性。定期清除低容量和无效数据集，提升数据可用性和服务质量。最后，关于数据格式，广西公共数据开放平台关注到普通用户和专业研究者等不同用户群体对于数据格式的差异化需求，尽可能分层分类满足其数据获取需求。[②]针对普通用户，提供方便读取和理解、易于操作化和可视化的数据集和数据产品；针对专业机构和研究人员的开发和分析需求，提供可机读和方便转化的数据格式，体现开放数据的灵活性和效用性。总体而言，广西开放数据底数逐渐丰富、质量提高、开放更加及时，高质量、高鲜活度的数据支撑提高了数据的实用性和易用性，更大程度激励和满足了公众需求。

---

① 资料来源：广西壮族自治区公共数据开放平台。

② 资料来源：广西壮族自治区公共数据开放平台。

2.完善基础设施，提供参与保障

在提升开放数据质量和易用性的基础上，广西完善信息基础设施，为公众参与提供了基本保障。整体而言，伴随广西网络基础设施逐渐完善，数字化应用普及程度提高，网民数量持续稳定递增，农村居民使用网络的积极性提升。城乡上网差距明显缩小，目前已经实现“村村通宽带”，位置偏远、交通不便的农村地区的网络通信问题也得到了解决，城乡网民数量和互联网普及率差异缩小。另外，广西数字新基站建设进展明显，2021年上半年广西投入超200亿元用于新基站建设和5G网络覆盖，城乡地区基础设施覆盖程度明显提升。①此外，老年群体加速融入网络社会，老年群体连网、上网、用网的需求进一步上升。由此，社会对政府数据开放的关注度和数据应用与服务的需求明显提升。因此，广西以需求和应用为驱动，优化信息通信、算力、基础设施、工业互联网、乡村信息设施等，为公众的大规模参与奠定了基础。

综上，广西开放数据质量的提升和数据基础设施的完善，从供给层面为公众参与提供了数据要素和基础设施要素的支持，成为社会公众获取和利用数据、与政府和其他主体进行互动反馈、合作创造价值的基础。在此基础上，广西从公众实际需求和参与意愿的影响因素出发，完善数据开放服务体系，发挥内外部要素对公众参与意愿的激励和保障作用，促进了公众参与深度和效果的提升。

二、发展过程

2020年建成的广西壮族自治区公共数据开放平台，是广西各级各部门各单位、企业社会公众生产和获取公共数据统一、权威、高效

① 资料来源：广西壮族自治区人民政府网站。

的平台。2020年，广西获批建设政务数据开放共享国家标准试点，以数据标准化建设为重点，制定和发布了一系列体现广西地区特征的技术标准，同时建设技术标准的支撑体系和服务体系，助力广西政务数据共享和公共数据开放工作取得新进展。广西探索“五个一”政务数据治理模式，对广西全区政务云、网、系统、数据进行治理，以“网通、云通、系统通、数据通”的工作落实，实现了对政务数据全生命周期的“聚、治、管、用”①（如图4—3）。以上举措推动了广西数据开放及应用的发展，为数字广西和中国—东盟信息港建设提供了数据和技术支持。

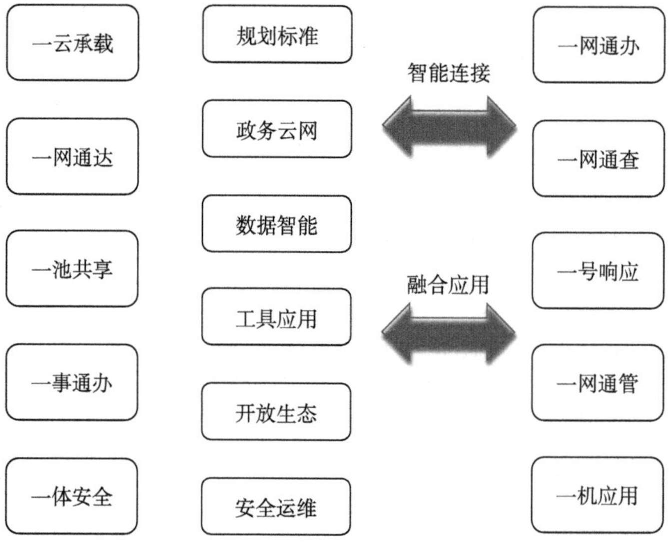

图4—3　广西数字政府支撑和应用体系

2021年，广西“五个一”数据治理已取得阶段性成效，广西把握发展窗口，以“大平台、大数据、大系统”建设思想为指导，以推动数据开放从“全面认知”到“整体智治”，创新提出了“一核驱动、五

① 广西壮族自治区数字广西建设领导小组：《全面推进广西数字政府建设三年行动实施方案（2021—2023年）》（桂数广发〔2021〕5号），2021年9月14日。

个管用、多维创新”数字政府建设新模式。其宗旨是以公众需求为先，形成体系化、智能化、便民化的数据开放和建设成果。2021年，广西提出数据开放工作的总体目标，即全面摸清数据底数和需求，实现数据开放质量指数达到四星级。据此明确了年度重点工作，涵盖建立数据开放协调工作机制、构建数据资源目录体系、升级完善自治区两平台一系统、推进重点领域数据优先开放、推进综合库建设、完善主题库汇聚等。广西从加强组织协调、落实数据质量管理责任、加强培训交流、优化开放平台、优化督促指导等方面进行了实践探索，推动了数据开放整体绩效的提升。

总体而言，广西政府数据开放时间较晚但进展迅速。截至2022年1月20日，广西壮族自治区公共数据开放平台已向社会开放公共数据5.6亿条，发布数据开放应用成果140个，比2021年上半年数据总量增加4.3亿，应用成果数量翻三番，呈高速上升态势。[①]广西政府数据开放综合指数从2020年的32.44升至2021年的43.39，省域排名从全国第10名升至第6名。2021年，广西政府数据开放综合指数在我国西部省份排名第3位，并获“树开丛生”奖，成为我国西部地区快速崛起的数据开放新力量。在全国173个数据开放的城市排名中，广西6个设区市进入前50名，依次是贵港市居第39名、南宁市居第41名、百色市居第44名、桂林市居第45名、来宾市居第48名和崇左市居第50名。

三、路径选择：构建多维服务体系引导社会参与

广西提出把以人民为中心作为数字政府建设的出发点和落脚点，推动数字普惠，使数据开放成果更多更公平地惠及人民。政府数据开

① 资料来源：广西壮族自治区公共数据开放平台。

放的主要目标在于吸引社会公众参与数据利用，推动有效的价值共创。已有研究表明，社会公众的特征，如知识结构、创新意识、意识形态等对公众参与数据利用产生了显著影响。另外，公众参与政府数据开放和价值创造的意愿在很大程度上取决于其对参与结果的预期。

在新发展格局下，广西寻求发展新动能，以加快推进数字化转型为目标，以中国—东盟信息港建设为龙头，深入实施大数据赋能行动，推进政府数据开放和数据要素市场化改革。广西把握其公共基础设施逐渐完善、社会参与意愿提升的契机，强化和引导数据开放的社会参与基础。

在政府数据开放中，社会公众参与行为受到个体感知、环境影响、条件保障等因素的影响，其中内部个体感知生成功利性影响，外部环境生成指引性影响，基础条件保障生成关键性影响，三个维度通过参与意愿的中介作用，引导和控制公众的参与行为。[①]广西通过构建供需精准匹配的数据开放服务体系、完善政府数据开放利用的宣传引导体系、建立长效化的资源保障体系，激发公众参与公共数据利用的积极性，提高其参与政府数据开放的意愿，促进了公众参与的常态化。

（一）面向用户的数据服务体系

个体感知维度主要包括易用性感知、有用性感知、互适性感知，对其参与意愿有直接影响。即公众获取和使用政府数据，是为了保障自身利益，满足实际需求，其参与动力存在功利性特征。这一动力可以充分激发公众参与政府数据开放，并将其转化为持续性行动。作为社会驱动型代表，广西以公共数据开放平台为主要互动通道，提升公

① 冉连、张曦、张海霞：《政府数据开放中的公众参与行为：生成机理与促进策略》，《现代情报》2022 年第 2 期。

众对开放数据的有用性、易用性、互适性感知，建立供需匹配的数据服务体系[①]，同时在数据开放平台栏目设计、日常运营、用户体验等方面进行不断提升和优化，方便公众使用和交流，提高了公众满意度。

第一，明确以公众需求为中心的数据开放服务导向，提升用户有用性和易用性感知。其中，有用性感知主要指产品或服务使用者对其可获得利益的主观评价及期待。[②]在数据开放实践中，公众的有用性感知具体表现为公众作为用户，对于数据是否有实际效用作出的主观评价，即公共数据的开放和使用是否与其自身利益紧密相关。如果公众通过使用数据意识到对其学习、生活或工作有实际作用，则会肯定数据开放的效果，获得个人愿望得到回应的满足感，形成持续使用数据的动力。

当公众认为参与的结果会为其带来利益时，通常会积极参与。但当与其无直接利益关系时，通常不愿意投入更多时间。广西壮族自治区公共数据开放平台定期开放新数据，创设应用场景，以吸引更多用户使用。当出现参与效果不好时，平台对数据和场景进行调整，考虑是否是项目本身存在问题。用户缺乏参与意愿是对价值创造预期判断的反应，因此需要判断参与不足是因为公众缺乏参与意愿，还是该项目本身就不具有较强的吸引力。

作为面向公众的重要窗口，政府数据开放平台如果无法持续性地提供优质数据，不能及时回应社会公众的广泛诉求，或者不能与其他资源和数据库联通对接，政府数据价值的实现将无法保证。广西公共数据开放平台以保障数据和平台实用性为前提，以供需精准匹配为目

① 郑军：《农民参与创业培训意愿影响因素的实证分析——基于对山东省的调查》，《中国农村观察》2013 年第 5 期。

② Anol Bhattacherjee, "Understanding Information System Continuance: An Expectation-Confirmation Model", *MIS Quarterly*, Vol.25, No.3, 2001, pp.351-370.

标，满足公众使用数据的实际需求和基本期望，提升了公众的认同度，发挥了链接供给端与需求端的枢纽作用。对于已发布的数据集，进行数据统计和分析，对公共交通、城市服务、休闲娱乐等浏览量和下载量大的数据集加大开放力度；另外，进行不同形式的调研活动，掌握社会公众的实际需求和偏好，在保障安全的前提下，拓展开放数据集的类型和领域，以回应公众期望。在需求征集方面，广西公共数据开放平台设置供需系统，公众可按场景对信息项、期望更新频率、资源提供方式、关联资源等提出详细的需求申请。平台将依据可行性进行回复并开放所需数据。

易用性感知即用户对某一物品使用方式难易程度或便捷性的主观判断①，对用户使用意愿和使用习惯有直接影响。②在政府数据开放过程中，公众的易用性感知主要体现在其使用开放数据平台进行基本操作以及获取和使用数据便捷程度的主观评价，涉及平台界面的友好性、操作的简便性、数据分享方式的多样性等。显然，当用户对平台便利度和易用性的评价越高时，其参与和使用意愿更强。

广西公共数据开放平台关注提升数据开放服务的实用度和满意度，在数据发现与获取方面优化用户体验和易用性感知。包括设置分类导航功能，在首页提供直观清晰的下载目录，提供简单数据分析、数据集预览等便捷功能；细化规定不同类型数据集的使用和获取规则，划定有条件和无条件申请数据的类型及范围，要求在规定时限内回复和公开公众提出的数据申请；网站提供用户指南和网站导航，方便初次登录网站的用户快速了解基本操作和功能，找到所需数据、下载服务

① 常静、杨建梅、欧瑞秋：《基于TAM的百度百科用户参与意向的影响因素研究》，《软科学》2010年第12期。

② 陈明红、潘子璇、曾庆彬：《政务微信用户持续使用行为及用户契合的调节作用研究》，《现代情报》2020年第11期。

或应用。

第二，优化平台互动反馈与用户体验方面的服务功能，提升用户互适性感知。互适性感知主要是指使用者对使用对象符合其期望程度的整体评价，在很大程度上反映了用户的态度倾向。[①]互动响应要求政府数据开放主体全面了解公众需求及变动情况，当出现偏差时能够采取有效措施及时纠正，反映在公众使用数据开放平台、相关部门回应公众反馈、处理使用争议等具体过程中。

广西公共数据开放平台在用户互动反馈、建议纠错等方面进行优化，提高了平台的互适性。关于数据纠错反馈，鼓励用户在发现数据错误时向数据提供单位、主管部门进行反馈，要求机构或个人在数据使用过程中如发现数据存在错误或缺失，可以进行反馈并要求回复，相关部门必须在规定时限内完成修正、核对和补充。特别强调政府机构对社会反馈的回应和对异议的协调，要求各部门针对公众的反馈、投诉、咨询进行回应并解决问题，整理分析平台在实际使用中的不足和问题，吸纳用户反馈建议及时优化数据开放平台。另外，广西公共数据开放平台设置内容建议、问题反馈、咨询提问、问卷调查、常见问题栏目。用户可就平台功能和运行情况进行咨询或反馈意见，平台管理员会在较短时间内作出回复，提示相关操作或按反馈优化平台功能、修复系统。在纠错列表中，平台将进行核查完成更正数据、调整更新频率或对核对无误数据和涉密数据与申请人进行沟通。

关于促进主体交流，广西要求各部门和机构运用数据开放平台、官方网站等多元渠道，扩大开放数据的宣传范围，吸纳社会公众的问题和建议，与公众进行有效沟通，引导公众有效使用数据，建立数据

① 许彩明、于晓明：《我国大型体育赛事微博营销公众参与意愿影响因素的研究》，《体育与科学》2015 年第 1 期。

供需主体间的良好联系。广西公共数据开放平台提供广西政务App、官方微博和微信的入口，公众可在其他平台进行互动反馈。在意见征集方面，广西大数据发展局举办“我为数据开发利用建言献策”活动，在广西公共数据开放平台首页醒目位置显示。该活动鼓励个人、企事业单位、科研院所、行业协会、地方政府部门等主体参与，在数据运营、数据产权、数据交易流通、数据安全等领域，表达其对数据开放和利用的需求，以及对数据产品开发、数据服务质量提升、应用场景拓展等问题提出建议。相关解决方案被采纳的，将予以政策倾斜和重点扶持，应用于下一步深化公共数据开发利用工作中。

（二）吸纳公众参与的宣传引导体系

根据计划行为理论，在部分情境下，社会环境因素对个体行为选择的影响程度高于个人态度因素。[①]在政府开放数据过程中，社会环境因素的影响主要体现在各类媒介通过宣传和普及相关政策、知识和操作技能，能够对公众的参与行为产生影响，引导社会公众加入数据利用的过程中，并积极思考“为何参与”“如何参与”等问题。[②]各类媒体对于政府开放数据的有效宣传和积极倡导，将循序渐进地影响到公众参与数据开放的主动性、认知程度及具体行为。这表明政府在推进数据开放建设时，需要通过多样化的宣传推广渠道，发挥不同类型媒体的信息传播、知识普及、宣传教育等功能，加深公众对数据开放的认同与了解，以激发其参与意愿，进而形成持续主动的参与行为。

广西通过建立数据开放宣传引导体系，通过多种方式普及相关知

① Anol Bhattacherjee，“Understanding Information System Continuance：An Expectation-confirmation Model”，*MIS Quarterly*，Vol.25，No.3，2001，pp.351-370.

② 高天鹏、莫太林：《政府数据开放平台用户初始采纳模型及实证研究》，《电子政务》2018年第11期。

识和提供实际帮助，尽可能地减低公众困惑和顾虑，吸引公众积极参与数据开放。第一，构建全媒体支持的政府数据开放利用宣传引导体系。各类主流媒体的有效宣传和积极引导可以在很大程度上提升公众参与的积极性。当前，公众对数据开放的具体信息了解不透彻，因此限制了其参与意愿。对此应通过各种形式的宣传活动，全面提高公众对数据平台和数据应用的认知程度。广西打造了包含网络、报刊、广播等多种形式的全媒体宣传渠道，并利用微博、论坛等公众使用度和接受度较高的社交媒体平台，帮助公众理解数据开放的价值和熟悉使用数据的基本知识，为其有效参与提供了实际帮助。第二，推广交流合作活动。广西积极支持本地与国内外大数据知名智库、行业机构合作举办大数据发展应用研讨会、论坛、培训等交流活动，以提升数据开放的影响力。广西通过开展丰富多样的推广交流活动，以合作交流平台为载体，提供更加专业的研讨空间，使社会公众认识和体会到数据开放的现状和前景，培育广泛参与的积极氛围，提高了公众参与政府数据开放与利用的积极性。

（三）长效化的资源保障体系

技术、人力、设施、渠道等资源支持作为客观要件，是政府数据开放过程中激发公众参与热情，促使其行为产生的基础条件和支持性条件。在公众具备较高的数据素养，且政府为社会参与行为提供了充分的资源支持和多种参与渠道选择时，公众的参与意愿会明显提升。

广西着力构建长效化资源保障体系，以解决实践中存在的数据标准化程度不高、中间数据人才匮乏、参与渠道较少等问题。

第一，从技术和标准化支持角度，数据标准化、可操作性、兼容性、获取和使用难度等技术因素为公众的积极有序参与提供必要基础。[①]广西作为标准试点地区，率先探索建设起一批符合本地实际需求的技术标准，并建设与之配套的支撑和服务体系，构建起网络通达、标准高效、安全有序的政务数据治理新模式。[②]

第二，关于人才资源支持，广西高度重视专业数据人才的培育。作为连接政府与数据消费者的通道，数据人才是驱动数据价值的挖掘者和数据效能的引擎。[③]广西鼓励与支持科研人员深层次挖掘数据价值，形成数据研发成果，提高数据产品和服务质量以更好地服务于普通用户，发挥其桥梁作用，为公众广泛参与数据开放提供支持。另外，广西强调和关注对专业数据人才的培养和引进。《广西大数据发展条例》要求县级以上人民政府应当制定实施大数据领域人才引进培养计划，积极引进领军人才和高层次人才，健全人才培养和评价激励机制，支持其科学研究和自主创业活动。鼓励科研机构和高校进行相关学科和科研项目建设，重点培养技术型和应用性数据人才。支持科研机构、高等院校、职业学校等和企业开展产学研合作，采取开设大数据相关专业或者建立实训基地等方式，定向培育大数据领域专业人才。

第三，在参与渠道方面，多元有效的互动参与渠道是公众持续参与的重要影响因素。政府通过不同形式的引导赋能活动，吸引公众积极参与并贡献成果和方案，可以提高社会参与数据开放的期待和积极性，保证其参与的持续性。当前，我国地方政府为提高公众参与积极性，展开了一系列引导赋能活动，创设多元互动场景，为公众创造了新的交流平台。但从实际成效来看，这类活动普遍缺乏持续性，尚未

---

① 夏义堃：《国际比较视野下我国开放政府数据的现状、问题与对策》，《图书情报工作》2016年第7期。

② 《广西成为全国首批政务数据开放共享国家标准试点地区》，光明网，2020年9月23日。

③ 门理想、王丛虎：《中国地方政府数据开放建设成效的影响因素探究——基于生态系统理论框架》，《现代情报》2021年第2期。

充分发挥持续驱动公众参与和提升公众信息素养的作用。数据素养即公众掌握的数据识别与获取、数据记录和保存、数据检索和使用等各项技能的集合，体现了公众对数据的基本理解和操作能力。①一个具备数据技能和开放理念的公民参与政府数据开放与利用的可能性更高，而且也更容易在此过程中获得成就感与满足感。也就是说，当个体数商较强时，其则会表现出较强的参与意愿，此时则更易产生持续性参与行为。②这一目标的实现要求持续组织形式多样的常态化引导赋能活动，培育有参与能力的公民，形成开放的社会环境。

广西在以下方面拓宽公众参与渠道，强化引导作用。其一，通过开展定期的线上线下培训等活动，全面提升公众数商能力。广西主要在以下方面进行公民数据素养的培育，一方面，鼓励企事业单位、社会组织等利用既有资源，积极组织相关实用知识讲座或技术培训活动，满足社会公众获取相关信息和掌握基本数据操作技能的需求；另一方面，利用网络传播渠道，以微信公众号等社交媒体平台为载体，通过线上讲座和培训会等方式，对数据查询、分析、下载、个人信息保护等常用知识进行使用培训和操作讲解，以帮助公众提高数据素养和掌握基本技能。其二，持续性地开展综合性、专业性的数据利用竞赛和常态化的引导赋能活动。在实际操作中，广西从活动流程、公众满意度、投入和收效等多个维度建立评价标准，以客观全面评估各类活动的实际成效，进行针对性的调整和完善，保障引导赋能活动的持续性和有效性。

综上，广西以促进社会参与、推动互动反馈为重点，在数据开放

① 吴玉梅、张卫国、陈利：《“大智移云”下会计人才数商塑造》，《财会月刊》2020年第7期。

② 冉连、张曦、张海霞：《政府数据开放中的公众参与行为：生成机理与促进策略》，《现代情报》2022年第2期。

平台建设、政民互动交流、公众参与满意度等方面表现优秀，数据开放平台层单项排名2020年居全国第7名，2021年居全国第6名，拉动了数据开放整体绩效的提升。广西数据开放平台自2020年上线以来的仅两年时间，数据开放综合指数从全国省级第10名上升至省级第6名，综合表现进展明显，获“树开丛生”奖，成为近年来进步突出的省级政府代表。

四、路径特征与启示

尽管广西在经济基础、产业发展水平、数据创新与开发等方面不具备优势，但通过持续提高数据开放质量、完善数据基础设施，保障了数据开放服务的可靠性和有效性，激发了公众参与数据开放的需求。信息技术设施、网络基础设施的完善降低了公众使用数据的成本，助力数据创新和利用的实现，公众权利意识的增强也刺激了人们对政府数据开放的更多需求。在此基础上，广西通过构建供需精准匹配的数据开放服务体系、完善政府数据开放利用的宣传引导体系、建立长效化的资源保障体系，从个体感知、环境引导、资源支持等维度建立起引导和促进公众参与的长效机制，保障了公众参与政府数据开放的动力和效果。

广西政府数据开放的发展路径体现了地方政府在经济、产业等基础性要素不足的情况下，将数据开放作为培育地区发展新动能、提升政府服务水平的重要抓手，基于本地不断上升的社会参与需求，投入资源建构多维服务体系推动社会参与，通过社会要素驱动实现了数据开放高绩效。广西的发展路径表明，地方政府在数据开放过程中致力于构建政府和作为用户的公民之间的对话和交流机制，通过不断完善技术手段、平台、设施等方式吸引公众参与政府数据开放的需求调查和平台建设等体验中，并致力于将参与和合作固定为一项常规而持续开展的工作流程，可以不断扩大社会参与的范围，确保覆盖到一些弱势群体，使开放数据惠及更多民众，进而通过社会要素驱动数据开放绩效提升。

5

第 五 章

政府数据开放高绩效的实现路径与基本规律

- 实现路径的差异性：单点突破或综合驱动
- 基本规律的一致性：识别和培育关键驱动要素以形成动态能力
- 政府数据开放的演进方向：从合作生产到价值共创

本章根据上文的组态分析和案例分析结果，提炼政府数据开放高绩效的实现路径与基本规律，揭示了地方政府数据开放绩效的提升机制，并提出政府数据开放的演进方向。本章第一节总结了政府数据开放高绩效的实现路径，提出政府数据开放高绩效并不依赖某一固化的要素匹配，其实现路径呈现多样化，包括基于单一要素的单点突破（行政、产业、社会驱动）和基于先发优势的综合驱动两类路径。第二节从差异化路径中寻找共性规律，提出政府数据开放高绩效的实现普遍遵循着识别和培育关键驱动要素以形成动态能力的基本规律。即地方政府综合考虑本地资源基础特征，对汇聚地缘优势、可能产生良好收益的关键要素进行针对性引导和扶持，进行务实的路径选择和持续的路径优化，以形成政府数据开放的动态能力，推动数据开放绩效提升。第三节提出政府数据开放的演进方向，指出推动中国地方政府数据开放走向纵深，需要更加重视以人为中心的价值共创，并对开放政府理论对于提升政府治理能力、构建合作治理体系、增进公共价值等核心目标进行持续反思，从有效的治理向善治的目标迈进。

第一节　实现路径的差异性：单点突破或综合驱动

本书运用定性比较分析的一个基本前提是，政府数据开放绩效与行政要素、市场要素、社会要素之间存在多重并发因果关系，即高政府数据开放绩效这一结果的“因”不止一个。各要素之间的组合与配置，以及由此形成的多重路径是政府数据开放高绩效生成的关键。根据本书的组态分析结果，从各类影响因素到政府数据开放高绩效的实现路径，即政府数据开放高绩效的“因”包含行政驱动、产业驱动、社会驱动和综合驱动四种。从本质上看，这四种路径即政府整合利用内外部资源，实现预期目标的组织过程。

在政府数据开放的现实情景中，我国各地方政府在资源基础和发展阶段方面存在明显差异，因此通过多元路径推动政府数据开放绩效提升是必要的。实践表明，我国地方政府根据本地资源基础，因地制宜地选择单点突破（行政驱动、产业驱动、社会驱动）或全面发力（综合驱动）的不同发展路径，均可以实现数据开放整体绩效的提升，借助差异化的条件匹配手段实现相同的预期目标（见表5—1）。

表5—1　政府数据开放高绩效的实现路径

实现路径	全面发力	单点突破		
	综合驱动	产业驱动	行政驱动	社会驱动
典型案例	上海	贵州	江西	广西
关键要素	行政要素+市场要素+社会要素	产业要素	行政要素	社会要素
基本举措	· 积极的政治动员、高效的组织安排、明晰的制度保障、充足的财政投入 · 培育科技人才、首创数据创新应用大赛、推动产学研用协作 · 加强教育培训、关注公众需求建议、促进利用反馈、激励合作参与	· 制定中国首部大数据地方性法规、建设大数据国家技术标准创新基地、建立云长制协同机制 · 发掘本地资源禀赋、优化基础设施和建设创新孵化平台、培育本土创新能力	· 健全制度体系、优化政策工具组合 · 设立主管部门和明确工作职责、建立协调机制和明确工作流程	· 建立面向用户的数据服务体系、推动公众参与的宣传引导体系、长效化的资源保障体系

一、基于单一要素的单点突破路径

在单点突破路径下，由于各地方政府在本地经济水平、产业和技术基础、社会环境等基础条件方面表现不一，其创新发展受到原有生产要素、技术基础、社会环境等限制。发挥比较优势、突破资源限制有侧重地进行单点突破的路径创新是提高地区适应力和竞争力的关键。地方政府结合本地资源优势和发展特征进行注意力分配，进行因地制宜、契合实际的政策创新，通过积极的行政推动、市场创新要素吸纳、引导社会参与等方式可以寻求路径突破和创新发展。

（一）行政驱动型

以行政驱动型代表江西省为例，江西省在经济实力、产业结构、投资热度等方面落后于邻近经济发达省份。在数据产业基础、创新活力方面存在短板，科技创新水平不高，核心技术掌握能力不足，数据开放与创新的基础性要素有限。江西省政府充分发挥政治引导作用，分配政策、组织等注意力资源，为数据开放提供了明确的路径引导和政治支持。在行政要素方面，江西省提升法规政策完整性和专业性，形成包含基本政策、具体政策、保障政策的政策体系，综合运用供给型、需求型、环境型政策工具，为数据开放实践奠定了制度基础。另外，江西省通过设立数据开放主管机构、明确各部门职权，建立包含数据资源管理、项目管理、资金保障、队伍建设等工作机制，为数据开放确立了组织保障，提升了数据开放工作的专业性和效率。

行政驱动型路径表明，政府有效投入政策、组织等资源，为数据开放工作提供有效规划、支持和保障，可以以行政要素为抓手，克服地区既有基础条件不足的限制，实现政府数据开放绩效的提升。行政注意力和资源的有效分配可以成为地方政府克服资源、技术和环境等客观条件限制，提升数据开放绩效的关键思路。因此，在各地方积极推动数据开放建设的情况下，资源、环境等基础要素条件有限的地方政府可以考虑从提高政府准备度和优化组织体系等方面入手，为数据开放提供关键引导和支撑。

（二）产业驱动型

以产业驱动型代表贵州省为例，贵州省作为国家级大数据综合试验区，数据产业的迅速发展为政府数据开放提供了有利土壤。数据产业既对政府开放数据资源的数量和质量提出了更高需求，也为政府数据资源的创新性开发和应用提供了市场和技术支撑。尽管贵州在财政资源、社会基础等方面不占优势，但贵州省通过发挥数据产业的比较优势，高效集合市场创新资源，构建起政府提供数据资源和政策资源，数据产业提供技术支撑的跨界融合的数据开放生态体系，推动了贵州数据创新和应用成效的提升。在这一过程中，贵州发挥了国家级大数据综合试验区的先导和示范功能，并因此获得了国家持续性的政策和资金支持，体现了地方自主创新和中央政策支持的相互促进和良性循环。

产业驱动型路径为我国中西部欠发达地区如何上下求索、向外借力提供了思路。从开放深度而言，高层领导的重视和政府政策部署能够成为地方政府数据开放的有力推手。地方政府从本地特征和需求出发，进行因地制宜的政策部署和管理创新可以产生良好效应；反之，如果仅遵循固有发展思路、不及时进行政策创新和调整则难以克服既有发展惯性实现超越。[①]对于欠发达地区而言，推动地区转型和超越必

① 卢锋华、王昶、左绿水：《跨越政策意图与实施的鸿沟：行动者网络视角——基于贵阳市大数据产业发展（2012—2018）的案例研究》，《中国软科学》2020 年第 7 期。

须依靠积极有为的地方政府，通过有力的政策引导和战略规划，最大限度地发挥地区综合优势取得良好收益。[①]因此，应鼓励各种形式的实干型政府进行政策创新，有助于地方克服行政惰性进行路径突破。

从开放效度而言，中西部省份如果要摆脱路径锁定和提高发展效能，可以从技术层面入手触发关键节点。[②]在本地基础要素不足的情况下，需要通过完善基础设施、优化营商环境等方式吸引外部创新资源，发挥数据产业的集聚作用和规模效应，实现精准、智能和高效的数据开放和创新应用，凸显开放效度。

另外需要重视的是，经典发展理论关注的各类基础要素对于政府数据开放仍然具有关键意义。[③]在这些基础要素不成熟的条件下，采用产业驱动路径通过政策倾斜和比较优势吸引科技创新资源，虽然有助于落后地区的发展，但难以实现持续性、根本性的跨越式发展。欠发达地区在追求实现短期发展的同时，还需要充分遵守区域发展的客观规律来补短板和攻关核心领域，以夯实发展基础。

（三）社会驱动型

以社会驱动型路径代表广西壮族自治区为例，广西整体经济实力在全国省级政府排名居中下游，近年来经济规模和经济增速落后于周边的中西部省份，数据产业基础和竞争力有限，对于高质量发展的支撑明显不足。在社会基础方面，伴随广西政府数据开放规模和质量提升、公共基础设施完善，社会公众参与数据开放意愿提升、参与基础

① 尚虎平、刘俊腾：《欠发达地区的政策创新真的促进了“弯道超车”吗？——一个面向贵阳市大数据发展政策的合成控制检验》，《公共管理学报》2021年第4期。

② 陈雁、张海丰：《后进地区技术追赶的机会窗口、发展路径与创新体系——基于第六次技术革命浪潮的审视》，《贵州社会科学》2018年第6期。

③ 郭爱君、胡安军、王祥兵：《资源型经济区产业路径依赖的形成机制、特性与破解》，《经济问题探索》2017年第10期。

建立，成为广西政府推动数据开放提质增效的突破点。广西探索依靠社会要素驱动政府数据开放效能提升，通过构建供需精准匹配的数据开放服务体系、完善政府数据开放利用的宣传引导体系、建立长效化的资源保障体系，提升了公众参与的意愿和动力，保障了参与的质量和效果，促进了数据开放绩效的明显提升。

社会驱动型路径表明，对于部分经济实力和产业竞争力不足的地方政府，公众需求和有效参与可能成为驱动政府提高数据开放的重要外部力量。我国各地经济发展水平、基础设施建设、居民教育水平和社会文化等社会基础差异较大，对于公众需求较高、参与基础较好的地区，应以社会要素为抓手，吸纳和发掘多样化的公众需求，并建设供需匹配的服务体系，确立公众参与的长效机制，通过社会要素驱动政府数据开放绩效提升。

二、基于先发优势的综合驱动路径

浙江、上海、广东、北京等东部经济发达地区多选用多要素全面发力的综合驱动路径，利用本地多维度资源基础的优势，推动政府数据开放绩效的全面提升。在综合驱动路径下，大多数发达地区拥有多样化的知识、技术、经济等生产要素的先发优势，成为其创新发展的重要基础。在科技支撑、行政赋能、环境孕育等优质要素的协同作用下，政府数据开放在发展基础优渥的地区顺利发展和成长，通过多要素驱动取得高绩效并实现良性循环。

以上海为例，上海作为全国经济中心、科技中心、金融中心，具有其他地区难以比拟的经济基础、科技实力、产业生态、社会基础等先发优势，且与之毗邻的浙江等省份数据开放水平同处全国先列，地方政府间的竞争环境也成为促进其寻求数据开放绩效提升的良好激励。

在经济、技术、社会、文化等优秀基础要素的协同作用下，政府数据开放在其优渥的历史土壤中率先孕育和快速发展。良好的基础条件为上海市政府数据开放提供了丰富土壤和有力支撑，同时上海市地方政府作为我国地方政府改革、创新和开放的先驱，对于本地信息公开实践工作需求高度敏锐，率先对标世界进行领先全国的先导性探索，发挥本地多维度要素优势探索全面发展的综合驱动路径，发挥了关键性引领作用。

综合驱动路径表明，拥有先发优势的地方政府利用其有利的资源基础，分配政策、组织、财政等注意力资源，可以推动多要素联动作用的发挥。在行政要素方面，地方政府主要领导应给予高度关注和积极推动，明确数据开放的优先性和紧迫性。建立数据开放专门机构，以及联席会议、领导小组、专家委员会等，协调和统筹数据开放的机构和资源。完善数据开放立法和政策体系，对数据开放全过程的各环节进行法律政策规范，并细化各项技术和操作标准，推动数据开放的精细化和标准化。在市场要素方面，地方政府应利用本地科技、人才和产业基础，培育数据开发与创新竞争力。在人才培育、创新激励、联合研发、应用推广等方面进行探索，促进“产学研用”合作效应的发挥，拓展数据应用领域。在社会要素方面，地方政府应为社会公众参与提供法律保障，并通过加强社会教育培训、吸纳公众需求和意见、促进利用反馈、引导合作式参与等方式，建立起公众与政府的互动合作关系，发挥社会参与的作用和价值。

综合驱动路径也证实了经典发展理论关注的各类基础要素，如丰富的财政资源、完备的物质设施、优秀的创新人才、先进的治理理念等对于政府数据开放核心竞争力的提升仍发挥决定性作用。数据开放绩效的全面持续提升要求实现行政要素、产业要素和社会要素的融通发力。因此，综合驱动模式也是我国地方政府在本地基础要素不断完善、数据开放阶段逐渐成熟的基础上，推动数据开放持续纵深发展、达到世界先进水平的理想路径。

综上，政府数据开放高绩效的不同实现路径表明，政府数据开放作为政府改革和治理创新，会受到某一地区政治系统、历史条件和发展环境的影响，所以不同地区的数据开放高绩效呈现单点突破和综合驱动的不同路径。从理论上来讲，综合驱动路径是较为理想的发展模式。它意味着地方政府在数据开放领域不仅拥有丰富的各类资源基础，且各资源能够得到合理组合和有效配置。但对于多数地方政府来讲，综合驱动路径在短时间内是较难实现的。探究如何在现有条件下确定符合地方实际的政府数据开放路径，对破解其发展困境更具现实意义。

第二节 基本规律的一致性：识别和培育关键驱动要素以形成动态能力

地方政府数据开放高绩效的实现路径具有差异性，但其基本规律是一致的，即地方政府综合考虑本地经济、技术、社会文化等资源基础，识别汇聚地缘优势、可能产生良好收益的关键驱动要素，并对其进行针对性引导和扶持，通过行政赋能、资源吸纳、主体互动等方式发挥行政要素、产业要素、社会要素的关键驱动作用，进行务实的路径选择并在实践中持续优化发展路径，提升政府数据开放的动态能力，进而推动数据开放的绩效提升（见图5—1）。我国地理位置不同的地区，其数据开放资源基础均存在较大差别。客观基础要素作为相对固定的外部条件，地方政府无法在短时间内进行改变。而作为主观可控条件，地方政府通过精准的要素识别、积极的要素培育和务实的路径选择以提升数据开放的动态能力，成为推动政府数据开放绩效提升的核心思路。

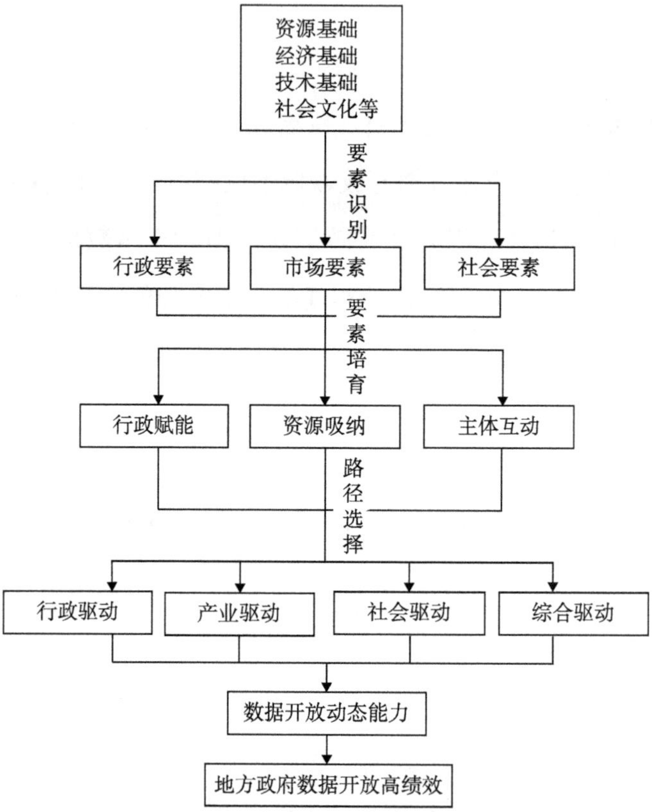

图5—1　地方政府数据开放绩效的提升机制

一、精准的要素识别

关于政府数据开放绩效的已有研究成果中，对制度、组织、财政等内部要素以及技术、环境等外部要素如何影响和作用于政府数据开放绩效的讨论已经比较成熟。其中，政策法规体系、组织与管理、财政资源供给是开放数据工作的基础性条件和支撑，[①]是政府数据服务能力的保障[②]；数据产业的发展提供数据开发与创新的技术基础以及数据产品和服务的应用环境[③]；社会需求是政府数据开放的外部动力，社会公众的积极互动和合作式参与可以促进数据开放提质增效。[④]上述观点在本书中均得到验证。本书的组态分析和案例分析结果也表明，地方政府数据开放绩效受到多种要素的协同影响。从一致性指标来看，行政要素、市场要素和社会要素均是影响地方政府数据开放绩效的重要因素，但不同要素在不同组态路径中的作用发挥是不同的。

省级政府作为一省最高决策主体，承担着统筹全省数据开放进程、确定数据开放发展路径的重任。相比资源占有优势，地方政府对资源的组合与配置能力对政府数据开放绩效提升更为重要。资源基础的占有情况并不直接决定政府数据开放的实际效果，根据中国的实践情况，部分资源基础优越的地区在政府数据开放绩效方面表现平平，而资源基础不具备优势的欠发达地区也可以通过路径选择主动突破跻身高绩效行列。地方政府拥有和可利用的资源基础，是其进行数据开放路径选择和实现预期绩效目标的前提。但资源基础存在显著差异的地方政府可以通过不同的发展路径实现数据开放绩效的提升，表明地方政府在对本地特征和优劣势要素进行整体评估后，识别和培育可能推动数据开放绩效提升的关键要素，通过明确、有效地资源配置和政策选择

① 郑磊、关文雯：《开放政府数据评估框架，指标与方法研究》，《图书情报工作》2016 年第 18 期。

② 李晓园：《县级政府公共服务能力与其影响因素关系研究——基于江西、湖北两省的调查分析》，《公共管理学报》2010 年第 4 期。

③ 谭海波、范梓腾、杜运周：《技术管理能力、注意力分配与地方政府网站建设——一项基于 TOE 框架的组态分析》，《管理世界》2019 年第 9 期。

④ 徐慧娜、郑磊：《面向用户利用的开放政府数据平台：纽约与上海比较研究》，《电子政务》2015 年第 7 期。

进行务实的路径选择，是培育政府数据开放动态能力以提升绩效的关键。

根据资源基础理论，组织所拥有的资源包括物质资源（地理地质、能源材料、机器设施、位置交通）、人力资源（教育、智力、技能、人际、推断力）、组织资源（政策、机构、组织关系）等。[①]这一理论的基本假设是：不同组织掌握的资源存在区别；资源难以在不同组织间进行转移和复制，所以组织差异将在较长的时间范围内存在。[②]资源反映了组织掌握的全部人力、技术、潜力、财富等，可以成为组织确定发展目标和提升实际效率的基础。资源基础理论揭示了组织掌握的各类资源对其绩效表现的影响，为组织如何利用其资源更有效地达成目标提供了启示。其核心要义是组织基于自身资源和能力与其他组织竞争，提高管理效能。借鉴这一理论，中国地方政府也同样存在着通过利用和控制特定资源，采取竞争战略实现既定目标的现象。

根据本书第三章运用QCA进行的必要条件分析结果，行政要素、产业要素、社会要素均是影响政府数据开放绩效的重要因素。在政府数据开放高绩效的不同模式下，某一要素或某几个要素发挥更为关键的驱动作用。由于地方政府所拥有的资源和可分配的注意力是有限的，所以必须进行有效配置和管理来产生效果。地方政府需要以高效的方式将更多注意力分配在对提升数据开放绩效发挥关键作用的驱动要素上，以此为基础培育本地竞争优势，可以拉动整体绩效的提升。因此，地方政府基于其既有基础条件，精准识别汇聚地缘优势、可能产生良好收益的关键要素成为提升数据开放绩效的起点。

① Birger Wernerfelt, "A Resource-Based View of the Firm", *Strategic Management Journal*, Vol.5, No.2, 1984, pp.23-27.

② 汤志伟、罗意:《资源基础视角下省级政府数据开放绩效生成逻辑及模式》,《情报杂志》2021年第1期。

在政府数据开放领域，不同地方政府所拥有的差异性的经济、技术、社会文化等基础要素情况成为其进行要素识别以确定竞争策略的基础。在资源占有方面，经济发达地区通常具备良好的客观基础，是数字经济发展、数据产业集聚与数字政府建设的前沿阵地，掌握的充足和多样化基础要素成为其数据开放创新发展的动力和保障。地方政府进行前瞻性的高位推动，对数据开放的制度安排和行动机制的完善程度、数据开放政策的执行速度与执行效果通常更优，因此更容易通过发挥各类要素的协同作用，实现综合驱动型的理想的发展模式。

相比而言，对于很多欠发达地区，掌握资源基础的有限性和不均衡性导致其在发展基础方面可能存在短板，数据开放的推动受到已有资源基础和生产要素不足的限制。但在有限的资源条件下，欠发达地区的地方政府作为一个实体是完全有主观能动性的，能够在整体把握本地优劣势资源的前提下，寻找和聚焦有助于提升数据开放绩效的关键驱动要素，通过有效的发展路径培育自己独特的竞争优势。[①]因此，地方政府需要探究如何在资源基础有限的情况下，基于现实需求和实用主义思路精准识别适应本地发展需求、可能产生良好收效的关键要素，并在此基础上投入资源和力量进行重点培育，探寻适合各地实际的政府数据开放路径。

（一）行政要素的识别

行政要素，尤其是政府准备度是经济相对欠发达地区提升数据开放绩效的重要影响因素。根据本书第三章的条件组态分析结果，将五种变量组合进行对比分析可以发现，政府准备度是财政资源较缺乏地区

① Herbert Alexander Simon, "Administrative Behavior: A Study of Decision Making Processes in Administrative Organizations", *Administrative Science Quarterly*, Vol.2, No.2, 1976, pp.244-248.

提升政府数据开放绩效的共性影响因素。组态分析结果中，组合2、组合3、组合4代表财政资源较缺乏的地区，政府准备度为以上三种组合的共同变量，所以这一要素可视为经济或财政基础较差的地方政府实现数据开放高绩效需要关注的关键要素。我国地方政府实践表明，包含规则制定、组织安排、资源调配、监督考核等方面的政府准备度提升可以在一定程度上克服财政资源不足的限制。明确的数据开放政策和标准体系、合理的管理机构设置和工作安排对于明确数据开放范围、保障数据质量、划分主体职责、形成开放氛围等发挥着关键作用。

贵州、江西等经济基础较差的地区通过制定和完善涵盖数据开放、利用、安全管理等内容的完整政策和标准体系，实现了数据开放与管理的制度化和精细化，为本地政府数据开放建设提供了良好的支撑。在组织保障方面，上述地区通过设置数据开放主管部门，明确部门之间的关系和职责范围，建立起有效的管理和协调机制，成为数据开放顺利推行的组织保障。上述地区通过数据开放政策体系和组织保障的建立有效发挥了行政要素的引导和协调功能，体现了地方政府对数据开放工作的关注以及对政府内部数据开放意识的主动培育，有利于协调各部门和机构并发挥合力，实现数据开放工作实际效率的提升。

因此，发挥行政要素的驱动作用，提升政府准备度可能成为欠发达地方政府破除财政资源和环境制约，以推动数据开放发展的重要思路。地方政府可以尝试从提升政府准备度、健全制度体系以及完善组织管理等方面入手，克服本地基础要素不足的发展桎梏，赋能政府部门，为数据开放提供关键引导和支撑。政府数据开放工作实践的成功在很大程度上取决于政府对该项工作的感知度、重视度、执行力等，同时需要各个政府部门之间的协调。因此，欠发达地区由于基础要素有限，更加需要政府从法规政策、组织协调等方面发挥行政赋能作用，为数据开放提供内部支撑力。

（二）市场要素的识别

发挥数据产业优势，促进数据开发和成果转化可能成为数据产业发展潜力较大的地区寻求数据开放路径突破的关键点。根据本书的分析结果，大数据产业水平与数据开发成果存在较明显的相互支撑关系，我国数据开发利用成果显著的地方政府通常拥有较好的数据产业发展基础和市场前景。其原因是数据产业的发展能够为政府数据资源的创新性开发和应用提供关键的市场和技术支撑，并且对政府开放数据资源的数量和质量提出更高需求。贵州等地区作为国家级大数据综合试验区，率先借力数据产业的发展和市场需求的提升，吸纳外部创新资源推动数据开发与创新，成为我国产业驱动型的典型代表，其发展路径为我国西部其他拥有较强数据产业发展潜力的地区提供了重要思路。

近年来，我国西部地区在数据产业水平和基础设施建设方面进展突出。具体表现为，在产业发展领域，数据产业集聚效应形成，地区特色发展格局建立。四川、重庆等地区在智能终端、核心软件等领域进展迅速，成为西部数据产业的“极核”。陕西、贵州等地区致力于提升数据中心等“硬产”实力，打造产业特色空间。[①]在实际应用领域，数据产业对于政府服务、工商贸易等应用领域均有助益，未来将在推动行业数字化、释放数据潜力中继续发挥优势。在政务服务领域，依靠数据牵引的智慧政府在线服务、移动应用、网上业务办理等方面取得持续进展。因此，四川、陕西等西部地区可以利用其在大数据发展基础、产业前景、行业应用等方面的优势，通过进一步吸纳和调动市

① 李俊杰、姬浩浩:《“东数西算”驱动西部地区经济增长的内在机理与对策》,《中州学刊》2022 年第 9 期。

场创新资源，以及建设区域创新体系，推动数据创新与技术成果转化，以此为关键要素驱动数据开放的快速发展。

（三）社会要素的识别

根据本书第三章的必要条件分析结果，公众互动反馈是政府数据开放绩效提升的必要条件。因此，发挥社会要素的作用，推动公众的参与和互动是促进地方政府数据开放绩效提升、体现数据开放公共价值的关键。政府与社会沟通网络的拓展、有效联结通道的建立和交互能力的提升有利于提高信任度和培育开放共识[①]，进而推动数据开放的良性运行。目前，我国各地基础设施不断完善、公众信息素养和数据开放意识普遍提升，促进社会公众的互动反馈和合作参与成为政府数据开放主体及时掌握公众需求、发现偏差并进行修正的重要途径，也反映了数据开放服务于人民的公共价值导向。

社会要素作用的发挥要求地方政府关注主体交互能力的提升，构建开放对话和协作共创的有效机制。目前，在我国政府数据开放过程中，公众参与存在的不足具体表现在缺乏持续且明确的促进公众参与政策规划，公众参与的主动性较低，组织能力有限，参与人群的多样性不足，公众作为直接设计和操作者进行自主式独立参与的意识和能力有待提高等，需要地方政府在实践中持续进行改进。

中国地方政府数据开放实践表明，公众参与政府数据开放的意愿在很大程度上取决于其对参与结果的预期。即如果参与的结果会给公众带来实际利益或便利，则会主动参与；如果参与的结果与公众个人的实际生活无关，通常不会参与。在案例中，广西政府数据开放平台会不定期开放新的数据和应用场景，并观察其对新用户的吸引力。如

① 贺东航、孔繁斌：《公共政策执行的中国经验》，《中国社会科学》2011年第5期。

果用户参与情况未达到预期，相关部门将进行数据分析和调研，考虑是否是数据和项目本身的原因导致无法有效对接公众需求。由此可见，公众参与数据开放的意愿在很大程度上是其对价值创造预期判断的反应，如果项目本身不具备吸引力或存在明显缺陷，则必然导致无人问津的现象。这启示地方政府要将注意力从外部转向内部，即社会参与程度不高并不完全由公众的主观动机缺乏所导致，更需要政府从数据供给、平台设计、参与渠道、实际收效、资源保障等方面进行反思和改进。

二、积极的要素培育

如上所述，当前存在多条等效路径可产生政府数据开放高绩效，所以地方政府应在把握本地资源基础的条件下客观评估关键生长因子，在识别符合本地发展需求、可能产生较大收效的关键要素的基础上，政府需要有针对性地进行资源配置和力量调整，通过行政赋能、资源吸纳、主体互动等方式发挥行政要素、市场要素、社会要素的作用，精准施策进行务实的路径选择，以提升政府数据开放绩效。

（一）行政赋能：发挥行政要素的引导支撑作用

行政要素作用的发挥要求地方政府作为数据开放的主导者，从政治动员、制度设计、组织安排等方面引导和赋能政府数据开放活动，对其方向和成效发挥关键影响。在案例中，数据开放绩效较高的地方政府均根据国家战略要求和本地经济社会发展需要，进行前瞻性的引导和综合布局，为数据开放提供多元的制度和环境保障。地方政府结合本地发展需求，在注意力传导和激励、健全组织机构和协调机制、政策体系优化等方面发挥了引导作用，为地方政府数据开放奠定了坚实基础，体现了政治担当功能。

1.政府注意力的纵向传导

领导的重视和公开支持是影响政府数据开放绩效的重要因素。案例中的高绩效省份，省级政府和主要领导均基于政绩、绩效、竞争与发展等因素，将数据开放的相关中央政策转化成为地方关注重点并加以宣传和推动，对数据开放工作给予指示、提出要求，对下级干部和群众产生影响力。主要领导多次公开表态推进政府数据开放工作，且讲话内容较为丰富全面，明确提及数据开放的经验、问题、意义与要求等，对数据开放工作具体实践具有指导作用。这些都成为数据开放政策制定和执行优先性的“信号灯”，进而提升了数据开放的推进速度和实施效果。

政府注意力传导本质上是一个基于正式权威的自上而下的注意力控制机制，注意力的纵向传导能够影响地方资源和关注点的分配，将其集中在高层领导更加关注的领域和项目上。[①]注意力传导可以理解为高层领导对其关注的重点议题和规划的注意力固定过程，反映出上级政府凭借其权威在更大范围推进创新的意愿。在此过程中，高层领导的注意力通过持续不断的讲话、文件、会议等方式向地方传达，由此实现了对地方政府部门和人员的进一步动员。另外，高层领导的坚定和可持续的支持与承诺可以实现权威、人力和财力资源的倾斜性使用。[②]高层领导的支持和关注也有利于政府部门获取开放数据所需要的资源和配合。

在案例中，数据开放高绩效地区的领导对数据开放工作的重视和

① 李振：《注意力推动政策执行：中国领导人的“现场主义”机制研究》，《马克思主义与现实》2018年第5期。

② 庞明礼：《领导高度重视：一种科层运作的注意力分配方式》，《中国行政管理》2019年第4期。

支持直观表现为在公开场合对于数据开放工作的强调与要求。在数据开放的起步阶段，各级政府领导对相关工作的重视、支持和推进力度，成为相关部门推动实践工作的“助力”和“底气”。另外，地方高层领导在数据开放的不同发展阶段，解读国家政策要求、对照其他高绩效地区，敏锐、精准地总结本地数据开放现状，通过全面丰富的讲话指出数据开放的建设目标、难点和突破方向，为地方政府部门及工作人员明确工作思路和执行优先级，推动了工作效率的提升。

2. 组织协调和统筹机制的建构

数据开放要求政府在确保组织内部各机构权责的前提下，提高对主体内部进行高效指挥与协调对既定工作的体系化运作的组织能力。[①] 组织准备作为政策执行的必要保障，其作用的发挥影响政策的落实程度。我国地方政府数据开放高绩效地区均通过设置专门的组织机构，统筹和明确开放主体职责，通过政治权威、纵向传导、纪律要求等敦促各部门保障执行效率。

在案例中，数据开放高绩效地区均通过建立强有力的领导和协调机构、组建跨部门领导小组，对各部门的数据开放实践工作进展和政策落实情况进行考核与监督，发挥了强有力的领导和协调作用。具体表现为在组织协调和统筹机制建构方面，组建大数据局等主管部门，协调各部门的日常工作，制定数据开放总体战略规划并推动各部门的政策落实，建立起跨层级、跨部门的统筹管理和协调机制，有利于跨系统和业务的数据开放项目推进。另外，设立领导小组、秘书处等负责规范具体工作和履行监督保障职责，设立各司其职的专业机构，如开放数据研究所、公共数据小组等，在理论研究、政策宣传和活动推广方面提供专业建议。

① 林语堂：《吾国与吾民》，陕西师范大学出版社 2002 年版，第 99 页。

3.政策完备性和专业性的提升

数据开放高绩效地区的共性特征是注重制度建设，以专业、精细的政策和标准体系有效指导了其实践工作的率先开展，并为其他地区打造了学习样板。在法规政策体系建设方面，数据开放高绩效地区普遍关注如下方面：第一，保障政策专业性。上海、贵州、北京等少数地方政府率先制定了数据开放的专门性政策，如《上海市公共数据开放暂行办法》。这反映了上述地方政府根据本地发展需求，制定数据开放专门性政策，对具体工作和实际操作作出明确要求。从整体视角进行统筹把控，并对开放政府数据的各环节和程序作出明确说明，为其他地区提供了借鉴。第二，完善中微观政策，制定细则和方案。数据开放高绩效地区的地方政府数据开放政策体系中，除通过宏观政策关注数据开放的整体规划和方向确定，提出综合布局和建设思路外，还制定和完善了指导性和针对性更强的微观政策和细则。根据实际工作需求，制定了涵盖政府数据开放各主要环节的实施细则，尤其对于参与意愿不足、隐私与安全泄露等实践中的具体问题提供了具有指导作用的行动方案。第三，数据开放高绩效地区除制定占比最大的供给型政策外，逐渐丰富环境型政策和需求型政策。安全隐私、知识产权、公众参与、公民权益等问题逐渐被纳入政策内容中，成为地方政府的关注重点。上海、浙江等地区率先在法规政策中对社会参与数据开放利用进行了明确规定，通过立法和制度化，降低了数据开放的可能风险和社会疑虑，营造了安全的外部环境。

在构建多维标准规范方面，案例中数据开放高绩效地区均建立了包含数据开放全周期和主要环节的标准体系，包括数据创建与汇交标准、数据选择与处理标准、数据描述与组织标准、数据关联与发布标准、数据发现与利用标准、数据管理与评估标准、平台建设和运维标准等，涵盖各环节的具体操作和活动。另外，根据建设一体化开放平台、平台互联互通、分级分类开放、普遍开放与重点开放结合等实际需求进行调整，能够细致地规范实践工作。目前，我国政府数据开放的下探程度不断加深，正在探索省、市、区、县级政府数据统一开放和互联互通。因此，标准体系的建设是保障数据开放质量和效率、营造安全开放环境的需要，也是解决实践中各层级地方政府数据开放平台系统各异、数据集异构分散、数据流通存在技术壁垒和安全隐患等隐忧的重要路径。

综上，数据开放高绩效地区的地方政府通过行政赋能充分发挥了行政要素的引导和支撑功能，从强化方向引领、优化组织机制和完善政策体系等维度，为数据开放领域的变革更新提供了行政支撑力。首先，地方政府领导通过纵向注意力传导明确议题的重要性和优先性，对数据开放目标、路径进行了方向性引导，提供了政府数据开放所必需的相应资源；其次，通过建立组织机构和资源统筹机制，为数据开放和部门协同提供有效组织保障，明确责任分工并调动下级政府部门和行政人员的积极性；最后，法规政策体系成为政府数据开放依法、有序、持续推进的重要支撑，是政府在实践工作中首要考虑的制度依据。地方政府通过政策、标准的完善明晰数据开放工作的权责划分、阶段分工、技术操作等问题，提升了政策体系的专业性和完备性。

（二）资源吸纳：整合市场资源推动创新应用

市场资源作用的发挥强调加强资源整合能力和推动创新应用，体现为地方政府发挥本地数据产业优势，整合内外部资源，以数据产业发展推动数据开发利用和赋能服务创新，鼓励企业利用数据提供市场化增值服务，并不断研究和推出数据创新成果。地方政府如何吸纳市场创新资源，推动数据开发和创新，并探索将比较优势转化为竞争优势，通过提升地区创新能力、培育核心竞争力实现可持续发展，成为以产业要素为抓手的地方政府促进数据开放绩效持续提升的关键。

1.发挥比较优势吸纳市场创新资源

已有研究普遍认为，比较优势和后发优势可以成为推动创新的关键因素。其中，比较优势主要指由于地区之间生产要素具有相对稀缺性，某一地区可利用地理气候、自然环境、政策扶持等特殊资源来参与生产和增进福利。后发优势则是指由于先发地区在前沿领域承担了沉重的创新成本，因此后发地区可以积极引进发达地区的成熟技术、思路和人才等。[①]贵州等地区在吸收市场要素推动数据开发方面，通过发挥自然资源、政策扶持等比较优势，以数据产业化为抓手，依托国家级大数据试验区建设，提升其对于数据相关产业和科技企业的吸引力，吸纳了市场创新资源的集聚，为数据资源开发和利用提供了技术基础，推动了数据创新应用领域的拓展。

此外，贵州通过创造和培育支撑数据产业发挥作用的社会土壤与基础设施，吸引各类数据创新要素集聚，打造数据开发生态链。其中，基础设施层作为新基建是数据开放的引擎和基础，由物质性和非物质性基础设施构成。前者包括信息设备、资金支持、技术储备、人员储备等；后者包括持续完善数据要素市场、创造政策创新落实的法律与制度环境、在政府中培育创新精神、培育包容共创的社会参与氛围等。

同时需要认识到的是，完全依靠比较优势和后发优势完成跨越和赶超的地区凤毛麟角。这是由于比较优势理论更倾向于静态化，不能长期持续地解释某一地区技术发展和变革的动态情况。潜在的后发优

① 陈才：《欠发达地区抢抓信息化机遇　加速跨越发展的经验和启示》，《信息化建设》2017年第11期。

势的实现，必须通过制度变革和理念创新等相结合，才有可能转变为实际的竞争优势。因此，地方政府如果仅依靠本地比较优势确定产业布局和技术路线，或将陷入“比较利益陷阱”[①]，面临价值链低端锁定等问题，无法实现持续的资源积累和能力成长，不可能真正超越发达地区。在缺乏技术突破和政策创新的情况下，充足的资源甚至可能成为阻碍地区持续进步的“魔咒”。[②]因此，地方政府寻求发展和突破不能一直遵循比较优势原则，在通过吸纳外部资源积累了一定的生产能力和技术能力之后，必须紧抓机会窗口进行路径突破，形成核心竞争力。

近年来，贵州等地区数据开放的快速发展进一步表明，良好的气候、自然环境、政策扶持等比较优势是数据开放的基础条件之一，而新基础设施建设、创新能力提升、创新主体拓展、应用场景开放、产业生态优化则是将其比较优势转化为综合竞争优势的关键。因此，产业要素作用的发挥不能仅依据比较优势战略和后发优势理论，通过吸纳外部创新资源走跟随型的追赶道路，而应该结合本地实际，把握机会窗口，从高端产业链入手，通过培育本土创新能力来适应新的技术要求，打破可能出现的路径锁定，持续积累技术能力，实现绩效持续提升。

2. 构建区域创新体系培育核心竞争力

市场资源作用的持续发挥需要通过构建数据创新体系提升核心竞争力，推动数据开放取得持续进展。正如伦德瓦尔所言，某一地区如果拥有优越的基础设施和合理的产权结构，掌握先进的网络化技能和高度的信任，则会拥有高效领先的研发体系，然而并不是所有地区都

---

① 洪银兴：《从比较优势到竞争优势——兼论国际贸易的比较利益理论的缺陷》，《经济研究》1997 年第 6 期。

② 陈雁、张海丰：《后进地区技术追赶的机会窗口、发展路径与创新体系》，《贵州社会科学》2018 年第 6 期。

具备这些条件。[①]因此，探索怎样将已有的生产体系转化成具有学习和创造能力的技术创新系统将成为需要关注的核心问题。技术追赶并不只是技术的更新和覆盖，更涉及全面的制度、技术、管理和思维方式等配套的持续转型过程。[②]数据创新体系是以技术和研发能力为核心的一整套制度和技术体系，贵州省政府在构建数据创新体系中，以下方面成为其取得明显进展的关键。

第一，以制度创新推动创新系统转型。数据产业的优化升级和核心技术突破，始终与制度创新和结构变革相融合。通过制度变革推动地区创新体系的升级，使其符合本地发展基础和最近需求，与现有技术和生产体系相适应非常关键。贵州等地区的发展经验对其他地区有着明显的示范性，即将公共政策的供给侧改革作为推动数据产业发展和创新的重要工具。贵州通过政策创新为产业发展、成果转化、数据利用提供了思路和基础，明晰了产业驱动型数据开放路径的具体建设方向。

第二，重视本地区的发展情境和历史特殊性。不同地区的历史文化和发展阶段存在明显的特殊性，因此其技术突破和创新体系升级必然受到本土情境与多种社会要素的共同影响。能否在引进外部创新资源和要素后，进行学习、吸收并完成独立创新，取决于其是否具有技术创新内在化的能力。欠发达地区与发达地区的历史基础、制度情境、所处阶段均不相同，因此创新系统的演化路径和形成轨迹也必然有所区别。波兰尼强调的经济与社会存在相互嵌入关系的理念，可以成为欠发达地区建设创新系统的思路和启示。贵州等地区在培育本土创新能力和建设创新体系时，即体现了其本土化的技术思维，通过各配套

① Lundvall Bengt Ake, *The New Konwledge Economy in Europe*, Edward Elgar, 2002.

② Jan Fagerberg, Bart Verspagen, "Technology Gaps, Innivation Diffution and Transformation: An Evolutionary Interpretation", *Research Policy*, Vol.31, No.8, 2012.

要素的累积性变革为技术创新提供了支撑，而非仅模仿和照搬其他地区的发展经验。

第三，关注核心技术的自主研发及应用。数据开放成果的实现受到技术与应用的共同驱动，其核心竞争力的形成需要不断加强核心领域的自主技术研发。枝节性的创新不能代替核心领域的技术攻关，贵州作为产业驱动型代表，在推动技术创新的过程中，体现了其尊重社会发展规律、产业升级和技术革新规律，攻关核心领域的特点。政府强调鼓励企业围绕各类应用和市场需求，提高数据资产管理、数据加工分析、数据安全、IT运维等服务能力，拓展数据市场。

在推动自主研发与创新方面，贵州等地区一方面加大了财政资金对关键基础技术的研发支持力度，设立用于支持核心技术研发的财政专项资金，作为提升数据产业核心技术能力和产业自主权的物质支撑。此外，贵州采取出台科技创新奖励方案、建设面向企业和个人的创新创业平台等方式，培育关注技术创新的社会氛围。另一方面贵州省鼓励和扶持数据企业在核心技术研发和技术成果应用领域增加投入，探索形成具有借鉴性和推广性的技术方案。推动数据开发领域核心技术研发试点示范建设，将成果较突出的数据技术企业选为行业试点，在创业政策、贷款等方面给予帮助，推动了其数据创新成果的研发和转化。

（三）主体互动：推动社会合作式参与和智慧贡献

在案例中，社会要素有效发挥作用的地方政府在推动社会合作参与方面，体现了对数据开放过程中的需求提交、数据利用和开放后的意见反馈等环节的关注，在教育培训、文化塑造、获得感提升和评估考核等层面为社会参与提供了多个维度的实际保障。

1. 扩大公众参与覆盖面和包容性

目前，地方数据开放参与度最高的群体通常是教育程度高或掌握一定技术操作能力的公民，而文化水平不高、少数民族、老年人等群体的参与度较低。我国社会要素发挥有效作用的地方政府在促进一些边缘性或者代表性不足的用户如老年人、残疾人、文化水平较低人群的参与方面进行了重点努力。这类群体由于参与水平和力量不足，难以准确表达其诉求和需要，无法完全获得数据开放的实际福利。因此，地方政府在实践中对其投入了更多关注，如组织专门针对弱势群体的观念宣传、技能培训、信息咨询等量身定制的活动，安排专业人员提供讲解和演示，尽量降低文化、语言、技术等方面的参与障碍，为其参与创造了条件。

2. 培育参与文化以及明确程序指导

数据开放领域公众参与动力和效果不足的原因，一方面是由于传统计划经济时代“封闭保守”的惯性使部分政府倾向于保持工作流程的保密性来维护权威，另一方面是在何种领域何种范围以何种方式引导公众参与，方能取得理想的效果，考验政府工作人员的能力和水平。如何有效引导公众参与，提高公众参与的便捷度和满意度是对政府能力的检验。在此方面，案例中广西等社会参与程度较高的地方政府主要从植根氛围和程序指导两个方面着手，一方面是培育参与文化，广泛组织学习和交流、研讨活动，推动形成鼓励参与的社会氛围。另一方面是明确工作程序，确定包容性、公平性、广泛性的参与目标，并制定便于操作的工作细则，供政府工作人员学习和检验。比如，在交流或咨询活动开始前，提供相关参考资料，介绍活动主要内容，使公众对讨论内容有基本了解，提高工作效率；在宣传活动中考虑普通公众的文化水平和接受程度，降低学习资料难度，保证参与的广泛性；

关注工作细节，尽量在休息日组织活动，避免占有工作时间，以及根据不同群体的专业、兴趣、工作环境等设计活动主题和组织方式。

3.保障公众参与成就感和获得感

在开放数据应用竞赛等活动中，物质奖励、创业扶助等成为公众参与的重要激励，其他不能直接提供物质或现金奖励的开放活动则需要关注公众参与的其他诉求，提高公众持续参与的积极性。泰克曼指出，尊重感、意见展示、利他倾向、兴趣偏好等都是公众参与的驱动力。[①]因此，上海、广西等地方政府在需求收集、组织活动、开放平台建设等方面强调关注公众的内在需求并积极作出回应。比如，在咨询活动中，分类收集整理公众的问题和建议，并应用于政策完善和服务优化。在平台优化过程中，方便主体之间交流互动，使公众可以表达意见和需求，并与数据发布者、管理员、其他用户进行互动和评论，形成其进行意见展示和获得尊重感的内在动力。上述举措汇聚了社会公众的智慧和灵感，使参与者得到了发挥个人特长或利他主义的满足感。

4.加强监督评估与考核问责

上海、广西等地区通过对加强公众参与情况的监督评估，使政府部门审视公众参与实际情况的经验和不足，对存在的问题进行反思和解决，将推动社会参与固定为政府重要的日常工作。首先，将社会参与情况列入政府数据开放成果的评价体系中，设置考核指标对参与情况进行监测和评估。其次，健全责任制度，将促进公众参与作为相关部门和主要领导的固定职责，如参与效果不佳则需要对责任主体进行追责。最后，针对社会参与实际效果，形成并公开发布参与结果报告、

① Karin Teichmann，Nicola Stokburger Sauer，Andreas Plank，“Motivational Drivers of Content Contribution to Company Versus Consumer Hosted Online Communities”，*Psychology & Marketing*，Vol.32，No.3，2015，pp.341-355.

意见征集报告、政府评估报告，方便社会监督。

综上，地方政府基于对本地资源基础的整体考量，精准识别并积极培育关键驱动要素，可以成为提高地区适应能力和解锁数据开放高绩效路径的关键。各地方政府在数据开放实践中一方面要结合本地区实际情况，在对优劣势基础要素进行合理评估的基础上，寻找和识别关键驱动因素。另一方面要通过行政赋能、资源吸纳和主体互动等方式，培育行政、产业、社会等关键要素，通过务实的路径选择采用单要素或多要素驱动实现既定的发展目标。这体现了地方政府基于本地特征和发展需要，推动政府数据开放绩效提升的效率主义和实用主义导向思路。

三、路径的持续优化

如上所述，地方政府数据开放是一个复杂、渐进的过程。基于本地资源基础，进行精准的要素识别和积极的要素培育，是地方政府确定数据开放发展路径和寻找突破点的核心思路。但中国地方政府数据开放的高绩效路径并非一蹴而就，反映了地方政府循序渐进的学习和探究过程，是在与外界环境不断交互、反馈和调整中逐步形成并进行持续动态优化的。

一方面，地方政府数据开放在初步探索和快速成长过程中，参考经验丰富、表现突出的先进国家和地区，探索建立起本地数据开放体系，并在战略构建、政策法规制定、开放平台建设、各主体积极性调动等维度对照优秀地区建设经验进行了完善和补充，形成体现地区特色、符合本地发展需要的数据开放建设路径，并根据实践变化进行持续调试，推动了本地数据开放的起步和成长。另一方面，地方政府在因地制宜进行务实的路径选择的基础上，伴随实践和发展经验的累积，更加强调数据开放综合竞争力的培育和多主体深度参与以提升整体收益。当本地基础要素逐渐完善，数据开放经验逐渐积累后，地方政府将探索从单要素驱动路径向政府与多种社会力量合作的综合驱动路径转变，在实践中推动数据开放路径的持续优化。

（一）持续的学习和调整

中国地方政府在探索数据开放建设过程中，既体现了对标国际一流水平，在法规建设、主体互动、开放授权、技术设施等基础要素层面进行探索，逐步形成学习和赶超态势，又体现了先进地区主动探索，其他地区随后加入开放潮流，参考先进地区和试点经验探索建设符合地方特色的数据开放体系的持续进步过程。这反映了我国地方政府始终保持敏锐度和开放意识，参照先进地区和优秀案例进行主动自我完善和成长的过程。

第一，国际上先进地区的数据开放经验成为我国率先推动数据开放地区确定发展路径的重要参照。自美国联邦政府正式开放数据后，多个国家和地区纷纷开始这一进程，政府数据开放运动得到国际组织的关注，针对政府数据开放的评估项目和研究报告不断涌现，从准备度、执行和产生的影响等方面对各国数据开放实践进行评估，总结了国际政府数据开放取得的成果和进展，以及需要完善和提升之处。上海市是我国最先推行数据开放的地方政府，在国内完全没有经验和政策支持的情况下，上海市参考对照美国等发达国家的数据开放框架以及国际数据开放评估项目指标，探索构建了体现地方特色的数据开放体系，引领了中国政府数据开放进程，推动了中央政策的制定。近年来，中国地方政府数据开放实践日趋成熟，在技术标准、促进社会化利用、数据市场化改革等方面仍继续以加拿大、美国、荷兰等国外优秀案例为对照，结合本地发展特征，探索从改善开放数据文化环境、提升全社会的参与能动性、建立可持续的行动机制等方面进行持续优化。

第二，中国地方政府数据开放实践历经了从局部到全国、从表面到深入的逐步深化的发展过程。2012年上海市政府数据服务网上线运行，标志着中国地方政府正式加入全球政府数据开放实践浪潮中。自2012年上海市、北京市率先建成政府数据开放平台后，国家发布大量相关指导政策、积极规划试点建设，助力和引导地方实践的继续推进。随后，浙江、广东、贵州等地区陆续推出数据开放平台，各地方政府以上海、北京等数据开放实践较早、各方面实践较为成熟的地方政府建设经验为样本和参考，逐步从战略体系构建、政策法规制定、开放平台建设、多方积极性调动等方面探索逐步推进和持续优化本地政府数据开放工作。国内关于数据开放的评估项目从机制、形式、质量、平台、资源等层面对各地方政府的现实表现进行评价，展示先进地区的优秀案例，为助力各地方政府继续改进实践工作，提高政府数据开放和利用效率，促进数据赋能发挥了作用。近年来，中国地方政府数据开放平台不断涌现，数据开放从起步阶段走向快速发展阶段，巨大的数据开放潜力逐渐显现，星星之火终成燎原之势。

（二）从单点突破向综合驱动转变

关于公共服务的价值创造，已有研究从如何使用公共资源和运用公共权力的角度进行了探讨。有研究认为政府在公共服务价值共创中发挥关键作用，其需要履行的职责包括创造良好的社会关系、募集必要的公共资源、激励服务对象的参与、协调利益争端与价值冲突等。[①]

① Mark Moore,"Public Value Accounting: Establishing the Philosophical Basis", *Public Administration Review*, Vol.4, No.4, 2014, pp.465-477.

因此，在政府数据开放领域，数据价值的共同创造需要政府发挥行政要素、市场要素、社会要素等协同作用，吸纳更多的利益相关者加入数据开放生态系统和价值创造网络之中，培育数据开放的综合竞争力。

中国地方政府数据开放实践表明，政府数据开放除需要政府提供充足的制度和财政等基础要素支持、进行有效规划和引导外，数据企业的创新能力和应用成果，以及高素质、高需求社会公众的有效参与同样至关重要。他们在政府数据开放中不仅能扮演驱动者角色，还能扮演数据利用者、数据价值再创造者、监督者等角色。政府行政驱动与市场和社会支撑形成强大驱动力和支撑力，才能在数据开放中取得更大的综合竞争优势，这也是我国地方政府数据开放未来的发展方向。

因此，在基础要素有限、数据开放实践尚不成熟时，地方政府可以通过发掘本地优势特征，将注意力集中分配到单一要素，驱动数据开放绩效快速提升，但这并非数据开放的最优路径。当地区基础条件逐渐完善、数据开放经验日益丰富、开放生态逐渐优化时，地方政府应当促进市场要素和社会要素的主动参与和更有效地发挥作用，向由单一主体主导到多主体协作的发展路径转变，推动多个要素协同作用的发挥，形成数据开放的综合竞争力。

本书的实证分析结果表明，近年来政府数据开放绩效排名最优的省份如上海、浙江等地区均采取多要素综合驱动路径。这些地方政府既通过行政要素的引导和规制，建立起制度和组织保障，也关注多主体的协作和互动，积极支持市场要素进行创新性开发，鼓励社会要素的合作式参与，形成了强大的外部驱动力。数据开放的综合驱动路径反映了多个维度的均衡发展和整体提升，是推进政府数据开放纵深发展的理想路径。因此，政府数据开放的演进方向是当本地基础要素逐渐完善，数据开放经验逐渐积累后，将从单要素驱动路径向政府与多种社会力量合作的综合驱动路径转变，在实践中推动数据开放路径的持续优化。

四、动态能力的形成

如上所述，地方政府依据本地基础要素条件，识别和培育可能产生良好收益的关键驱动要素，进行务实的路径选择，可以殊途同归地提升政府数据开放绩效。另外，政府数据开放是一个不断更新和演进的过程，地方政府在数据开放过程中需要根据本地现有基础、发展经验和外部环境与需求的变化进行不断调试，寻求能够适应其创新发展的动态策略，以提高地区适应性并保持持续的竞争优势。省级政府作为全省政府数据开放的最高决策者，会根据现有资源基础，有计划地制定规划和设计路径，分配各类物质和人力资源以推动数据开放绩效目标的实现。政府数据开放的相关决策是一个始于基础要素聚焦，进行路径选择，进而实施行政行为的过程。政府作为决策者有效地进行路径选择、有计划地投入各类资源等都可以视为审视政府行为和权力运行的重要指标①，能够体现政府政策理念清晰与否以及政府能力的强弱。

已有研究基于资源基础理论提出，政府数据开放绩效不仅受到政府自身所拥有的资源禀赋的影响，还取决于政府能否通过提供支持和营造环境，使已有资源禀赋最大化地发挥效用。资源基础理论研究多按照“资源—能力—绩效”的框架展开，即组织沿着从资源转化成能力的路径实现目标或提升绩效。②在此基础上提出的动态能力可以揭

① 文宏、杜菲菲:《注意力、政策动机与政策行为的演进逻辑》,《行政论坛》2018年第2期。

② Herbert Alexander Simon，“Administrative Behavior：A Study of Decision Making Processes in Administrative Organizations”，*Administrative Science Quarterly*，Vol.2，No.2，1976，pp.244-248.

示组织通过何种方式取得长期的竞争优势。①动态能力包括三个方面的内容：组织和管理过程、位势、路径。组织和管理过程指组织在日常工作中的行动方式和办事习惯，涉及协调和分配、重构与调整、学习和借鉴等。位势主要指组织掌握的知识、产权、技能等各类资源禀赋。路径指组织基于其发展需求进行的战略和方向选择。②动态能力体现了组织对各类资源的拥有、整合、配置和利用的过程，面对复杂和变动的外部环境，组织可以凭借动态能力得到新的支持并形成竞争优势。③④上述观点在本书得到验证。本书的分析表明，我国各地方政府在资源禀赋上差异较大，地方政府不应受限于已有的客观资源基础，而应着力于提升整合、利用和配置各类资源的动态能力。因而基于有限的基础要素进行路径和方向选择体现了政府数据开放能力上的差异，进而影响政府数据开放绩效。

虽然已有研究基于资源基础理论强调了政府数据开放活动中资源的重要作用，并提出需要掌握一定的动态管理能力，但对这一问题的分析尚不够深入，究竟怎样从资源转化为能力进而提高绩效的关键问题尚没有得到充分讨论，从资源到能力的“黑箱”并未打开，比如，应该如何对各类资源进行管理、数据开放竞争力的根源在哪里、能力的培育和路径的演化问题等。本书的研究结果为打开从资源到能力的“黑箱”提供了思路，揭示了资源基础差异明显的地方政府如何采用

---

① Catherine Wang，Pervaiz Ahmed，“Dynamic Capabilities：a Review and Research Agenda”，*International Journal of Management Reviews*，Vol.9，No.1，2007，pp.31-51.

② Catherine Wang，Pervaiz Ahmed，“Dynamic Capabilities：a Review and Research Agenda”，*International Journal of Management Reviews*，Vol.9，No.1，2007，pp.31-51.

③ David Teece，Gary Pisano，Amy Sjuen，“Dynamic Capabilities and Strategic Management”，*Strategic Management Journal*，Vol.18，No.7，1997，pp.509-533.

④ Han Yuqian，Li Dayuan，“Effects of Intellectual Capital on Innovative Performance”，*Management Decision*，Vol.53，No.1，2015，pp.40-56.

不同路径提升动态能力进而达成高绩效，以及各类差异性路径中普遍遵循的一致性内在规律。本书的分析表明，地方政府结合本地基础要素的优势和特征，准确识别和培育可能产生良好收益的关键驱动要素，进行务实的路径选择并在实践中持续调整优化发展路径，体现了政府数据开放的动态能力，成为推动数据开放绩效提升的关键。

本书认为，政府数据开放体现了政府为适应环境变化，对其拥有的内外部资源进行整合、重构，以充分发掘数据价值的过程[①]，强调政府对已有资源的整合、更新和创造，以形成改变现状的能力。政府数据开放以数据为基本要素，以创造价值为目标，其潜力的释放和效能的实现在很大程度上由政府能力决定。[②]另外，政府数据开放动态能力并非单一的，而是包含多个维度。结合上文对中国地方政府数据开放的实证分析，政府数据开放可被视作包含环境感知、整合开放、互动反馈、创新应用等环节的动态能力的成长过程。[③]政府通过环境感知能力及时敏锐地发现环境和需求的变动，主导和规划地方政府进行数据开放，并根据实际情况进行变革更新和动态调整；通过资源整合能力发挥内外部资源的协作效应，基于交互能力推动各主体的开放式合作和互动反馈，基于创新应用能力驱动数据价值挖掘和创新应用。而通过持续的学习和创新拓展知识储备、攻关核心技术的组织学习能力、主导和推动政府改革的变革更新能力则体现在数据开放的全部过程中。

本书对中国地方政府数据开放实践的研究表明，政府数据开放呈

① Yuqian Han，Dayuan Li，“Effects of Intellectual Capital on Innovative Performance”，*Management Decision*，Vol.53，No.1，2015，pp.40–56.

② 袁莉、姚乐野:《政府数据开放的整体能力：概念、框架及演化机制》，《图书情报工作》2021 年第 19 期。

③ 袁莉、李姗蔓、赵婧:《政策文本视角下地方政府数据开放动态能力的识别与培育研究》，《情报理论与实践》2022 年第 4 期。

现变革和更新特征，始终进行着动态演进和调整。政府有效率和有效果地使用资源以及从内部和外部获取能力是实现其预期绩效的前提条件。这揭示了政府为了应对外部环境的变迁，必须借助创新精神，通过创新的路径选择改变已有资源的位势，获取竞争力。动态能力是组织进行创造性活动和内外部变革的能力，体现了组织不间断地基于外部环境变化进行动态学习和调整的技能，成为驱动数据开放绩效持续提升的关键。政府应该保持敏锐度和适应性，锻炼和培养感知变化、获取知识、改进服务的动态能力。政府数据开放动态能力反映了政府为满足外部需求、开发数据价值，对可获得的各类资源和要素进行整合、更新、创新利用的必需技能，强调的是改变现有位势，通过有效的路径选择培育竞争优势的能力。

在中国政府数据开放实践中，政府以其权威性和强大的整合动员能力，成为数据开放的核心行动者，因此发挥其主观能动性具有关键意义。相比资源占有优势，地方政府对内外部资源进行整合和利用、克服基础要素局限寻求路径突破的动态能力更为重要。地方政府基于实用主义的治理理念，根据本地特征和需求，识别和培育关键驱动要素，进行务实的路径选择和持续的路径优化，可以克服本地区的基础要素紧张、实践经验不足等问题，通过多元组态实现其预期的绩效目标，体现了政府数据开放的动态能力。这反映了地方政府推动数据开放绩效提升的效率主义和实用主义导向思路，是一种有效的治理逻辑。这一治理思路也表明，基础要素条件较差的地方政府没有必要陷入数据开放的“本领恐慌”。地方政府通过探索建设符合地方特色的数据开放发展路径，并根据外部环境和需求变化进行持续的完善和优化，可以改变既有资源位势、突破发展困境，从而推动数据开放绩效提升。

第三节　政府数据开放的演进方向：从合作生产到价值共创

中国地方政府数据开放的探索过程体现了政府、市场和社会主体合作生产的公共服务供给模式，在提升公共服务质量、保障政府回应度和公众满意度、挖掘数据资源价值方面取得了明显进展，实现了政府数据开放的基本目标，体现了治理的有效性和生命力。但推动我国地方政府数据开放走向纵深，仍需要对开放政府理论对于提升政府治理能力、构建合作治理体系、增进公共价值等核心目标进行持续反思。治理体系的优化和公共价值的产生和获得并非一蹴而就，必须在不断的建构过程中进行继续完善和更新。[①]政府数据开放绩效的持续提升不仅需要通过政府与市场、社会合作生产关注效率、收益的提升，也要更加重视以人为中心的公共价值创造，实现推动公众诉求表达、多元主体共治等价值目标，提升社会的整体收益，从有效的治理向善治的目标迈进。

一、对我国地方政府数据开放实践的审视

中国地方政府数据开放体现了开放数据资源、挖掘数据价值、响应社会需求的高效率治理方式，在推动政府改革、优化公共服务供给、回应社会关切等方面的潜力被不断发掘。目前，我国政府数据开放制

① Jurgen Habermas, *The Structural Transformation of the Public Sphere*, Cambridge: Polity, 1989, pp.29-34.

度体系逐步形成，政府与市场和社会的合作关系基本建立，探索形成了政府提供数据资源，市场和社会主体贡献力量共同参与公共产品合作供给的经验。数据开放绩效表现优秀的地方政府通过探索不同发展模式，基本实现了开放政府理论要求的政府数据资源全面开放和高效利用的目标，体现了其数据治理的有效性。当前，在数据开放文化逐渐形成、数据开放实践逐渐成熟的情形下，中国地方政府数据开放绩效的持续提升需要回溯和反思开放政府理论对于实现公共价值、推动治理体系不断完善的最终目标的期待，探索从有效的治理向更好的治理即善治的演进。

我国地方政府数据开放以满足公民需求、服务于民为价值导向，以改进公共服务、优化治理体系为基本目标。近年来，我国地方政府数据开放成效显著，在推动政府改革、促进政民互动、挖掘公共资源价值等方面取得了重要突破。但总体而言，政府在这一过程中处于明显的主导地位，其他主体在数据开放过程中的参与相比而言是外部的、被动的。数据开放的价值实现仍以政府进行主动引导和推动、吸纳和调动内外部资源为主，市场要素和社会要素的参与主动性和潜质有待进一步发掘。

尤其在社会参与方面，我国仍存在较大提升空间。在数据开放实践及理论研究中，社会要素受到的关注相比政府和市场明显更少，尚未形成对公民主体地位和重要参与作用的充分认知。社会主体的深度参与既有利于提升资源整合效率，也体现了数据开放社会价值的建构。政府数据开放绩效的持续提升需要在不同主体之间形成更体现开放性的公共服务系统，不同参与主体在交流、互动和合作过程中，创造良好融洽的对话氛围。在提升信任度的基础上，政府可以更全面地获取不同主体的观点和意愿，基于整体社会的共同愿景形塑数据开放的目标和路径，共同进行数据价值的创造。

因此，政府数据开放的趋向是探索政府与多种社会力量的合作，建立多中心、协作和包容的治理结构。近年来，政府数据开放研究逐渐从供应驱动向需求驱动转变，研究视角从通用向特殊深入，研究对象从政府向公众下沉①，均体现了政府数据开放的演进方向。政府数据开放是以人为中心的开放，强调实时、精准、前瞻的公共服务供给。因此，政府数据开放的新合作治理格局要求建立各主体集聚荟萃的互动机制②，创造多元共治、多方协作、多层互动、多价值融合的新生态。

已有研究指出，对政府数据开放绩效的全面评估要从“产出、结果和影响”出发。③政府数据开放绩效并非以产出和结果为终点，还需要更加关注其影响，即通过数据开放实现的政府回应度和开放性的提升、全社会创新文化的形成、公民开放意识和素养的提升、创新系统的优化、社会和谐度的提高等。这类影响通常是间接的或非实时的，难以量化、测度和估计，因此在已有研究中的分析和探讨较少。然而，基于公共管理理论关切，这类影响是极其重要和有价值的，反映了政府数据开放绩效的内核和最终目标，体现了数据开放追求非时效性的、具有广泛外部性的公共价值，也是开放政府理论的精神内核。

政府数据开放绩效研究既具有工具理性又具有价值理性，需要兼顾科学性和公共性，即在追求效率的同时更应以公共价值为基础。因此，未来政府数据开放实践和理论研究需要考量数据开放的整体绩效，采取合作策略以达到“产出和结果”最优，同时关注“影响”的范围

---

① 胡海波、娄策群：《数据开放环境下的政府数据治理：理论逻辑与实践指向》，《情报理论与实践》2019 年第 7 期。

② John Herring, “Cooperative Equilibrium In Biosphere Evolution: Reconciling Competition and Cooperation in Evolutionary Ecology”, *Acta Biotheoretica*, Vol.69, No.4, 2021, pp.629-641.

③ 黄萃：《政府数据开放绩效研究：内涵、特征及生成机理》，《四川大学学报（哲学社会科学版）》2021 年第 9 期。

和持续性，体现政府数据开放的最终价值。对价值共创的关注和追求将成为在环境不确定性和复杂性不断增加的背景下，实现政府数据开放绩效的可持续性提升的核心和关键。因此，政府数据开放绩效的持续提升，需要不仅追求政府及公共部门数据开放的结果评价与效率测量，在探讨公共产出最大的同时，更加关注责任、公平、合作、信任等核心价值，将民主与参与、服务与信任、透明与合作视为政府数据开放的基本价值追求和演进方向。

二、从合作生产到价值共创的演进

党的十九届四中全会明确了数据要素作为推动各领域价值创造的新动能。通过政府数据开放以满足公众的公共服务需求是政府的政治使命，政府数据具有的开放性、公共性、互动性，决定了其价值实现需要通过共同创造完成。政府数据的公共价值属性和公共服务逻辑必然要求从考虑效能到关注价值、从多主体合作生产向公共服务价值共同创造演进，其背后承载着公众诉求表达、多元主体共治等价值要素。

公共服务逻辑下的政府数据开放呈现出从重视效能向关注价值的演进，从服务对象参与合作生产向整个服务系统价值共创的演进。基于这一逻辑的合作生产既重视合作过程中服务提供者和接受者之间的协作效果，同时更加关注资源整合过程中多个利益主体共同承诺和价值的建构，强调公共价值建构是合作生产的本质。从公共价值视角探索公共服务合作生产成为新的研究方向。中国地方政府数据开放实践的发展表明，以公共价值为追求是推进数据开放走向纵深和绩效持续提升的主要方向。目前在数据开放实践中，政府、企业以及社会的资源与力量已经发挥了重要作用，如何引导和激励各主体更加主动地参与数据开放价值共创，实现开放政府理论对提升治理能力、增进公共价值的追求，成为未来需要关注的焦点。

“公共价值”这一概念最初由摩尔提出，作为公共机构制定长远发展战略和确定行动方向的重要指南。[①]公共价值以塑造共识和达成有效结果为目标，意在实现满足公众期待的价值结构，尤其强调公共治理过程中行政权力的规范化使用以及主体责任和义务的履行，以善治为内在标准。引入这一理念的公共部门绩效管理，通常认为公共价值包含了公共服务的产出和效果，因此，与公共产品相较其包容范围更加广泛。公共价值产生于社会公众的普遍追求，在多主体的协力合作和共同维护下，能够在公共领域实现整体福利增加和累积的目标。[②]其更为强调的是公众获得的满足度和成就感，体现了主动、积极、努力的方向感。[③]在实践过程中，基于价值的政府数据开放实践的终极指向是为社会创造更多的公共价值。公共价值是公民期望的集合，而政府的作用在于如何发现及推动公共价值的创造。

公共价值视角下政府数据开放的目标和方向不只是提升某一具体项目的效能和收益，而是增进更加广泛的公共利益。基于这一理念的政府数据开放绩效管理认为，对公共服务效率的计量不仅需要计算投入和产出，也需要以公共价值为指向追求整体社会产出和成果最大化，体现效率与价值的融合、统一。因此，必须识别和发现不同主体的价值偏好，据此形成一致性的公共价值愿景，综合考虑不同主体多样化、差异性的利益诉求，形成适应性的合作策略，探索高效协作的主体合作模式，实现整体收益的提升。这使得各主体发挥的作用更加积

① Mark Moore, “Public Value as the Focus of Strategy”, *Australian Journal of Public Administration*, Vol.53, No.3, 1994, pp.296–298.

② 王学军、韩志青：《从测量到治理：构建公共价值创造的整合分析模型》，《上海行政学院学报》2017年第6期。

③ 包国宪、文宏、王学军：《基于公共价值的政府绩效管理学科体系构建》，《中国行政管理》2012年第5期。

极，既能够在数据开放过程中进行价值表达，也能够从动态交互中不断学习和建构其价值偏好。[①]公共价值的共同创造强调多元主体协作的关键意义，指出其参与既能在合作生产过程中完成各类资源的有效整合，又能够在协作中使各方平等地参与社会价值塑造，体现了公共治理对“善治”的追求。

因此，推动价值共创体现了政府数据开放绩效研究工具理性和价值理性的统一[②]，其意味着在多元主体充分沟通的前提下，准确了解和把握公众价值偏好，从而提供满足公众需求和集体偏好的数据和服务，促进数据开放公共价值的实现。上文所述的演化过程可由图5—2表示，横坐标代表数据开放发展进程，纵坐标代表总体收益。很明显地，在这一演进过程中，政府开放数据产生的总的社会效益也将逐步增多。

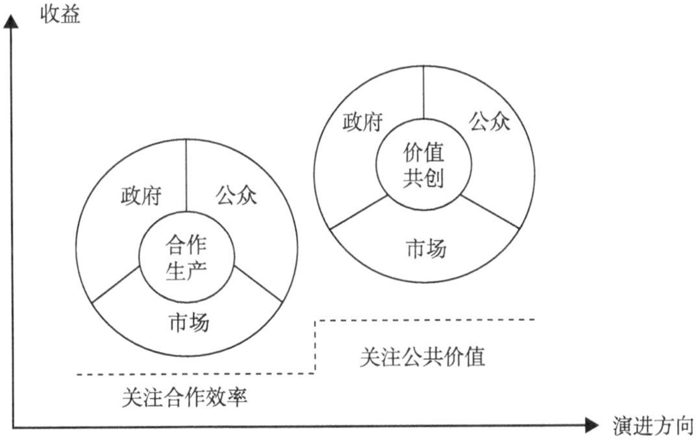

图5—2 政府数据开放的演进方向

在我国公共服务取得重要进展并面临转型的情况下，党的十九大提出，完善公共服务体系，建设人民满意的服务型政府。这一目标的

① 王学军、张弘：《公共价值的研究路径与前沿问题》，《公共管理学报》2013年第2期。

② 王学军、韩志青：《从测量到治理：构建公共价值创造的整合分析模型》，《上海行政学院学报》2017年第6期。

实现必然要求以服务人民为中心推动政府职能转变。政府需要不断优化和调整治理方式，使基本公共服务有效地实现全覆盖，使全体成员均等地享有公共服务成果，保障人民的归属感和获得感，推动公共服务价值共创的实现。党的十九届四中全会提出，完善公共服务体系，推进基本公共服务均等化、可及性，以及把我国制度优势转化为国家治理效能。在这一理念的指导下，多元主体共同参与治理和贡献力量将成为公共服务质量持续提升的战略选择。

以公众为中心的公共服务将公众视为重要的价值创造者，以实现供需匹配为目标，致力于提供符合公众期待的公共产品和服务。政府数据作为重要的公共资源，具有“护民”“便民”“安民”“聚民”等多重意义。政府数据开放如果无法适应社会整体的价值偏好，将会导致治理目标的偏离。政府数据开放价值共创反映了政府致力于破解公共难题、满足社会需求，积极开放和引导利用政府数据资源，以实现数据治理价值的基本过程。这一过程并非自然发生，而是形成于各参与主体积极表达需求和偏好，在协调和合作中生成集体价值偏好，探索多元主体的合作关系，进而实现集体价值追求的主动选择过程。

政府数据开放被视为政府优化治理的新空间，要求政府在促进价值表达、推动主体互动和提高回应效率等方面发挥作用。价值共创是指导挖掘政府数据资源潜力和价值的关键理念，也是政府数据开放力图构建的多主体参与的合作体系的最终行动方向。政府数据开放绩效的提升不仅需要解决管理效率问题，还需要应对公共价值挑战。因此，政府数据开放绩效的持续提升需要以公共价值为核心导向，建立健全价值共创的体制机制，在组织架构、运行机制、技术方法和管理模式方面不断创新，推动公共服务质量的持续提升和社会整体收益的增加。

P.

结论

- 对客观事实的发现
- 对理论层面的探索
- 对未来研究的展望

一、对客观事实的发现

本书基于开放政府理论，建立起包含行政要素、市场要素、社会要素三个维度的分析框架。本书运用QCA，以我国24个省级政府为样本进行组态分析，得出地方政府数据开放绩效的关键影响因素和高绩效的四种组态路径。基于组态分析结果，运用案例研究方法对四种组态路径下的典型案例进行分析，探究其特征、发展过程、关键影响因素和作用机制。最后基于组态分析和案例分析结论，提炼出地方政府数据开放绩效的提升机制。

本书提出，政府数据开放高绩效的实现路径呈现多样化差异，形成四种组态路径。但就高绩效的内在生成机理而言，普遍遵循着识别和培育关键驱动要素以形成动态能力的共性规律。即地方政府综合考虑本地基础要素特征，对汇聚地缘优势、可能产生良好收益的关键要素进行针对性引导和扶持，通过行政赋能、资源吸纳、主体互动等方式进行务实的路径选择，并在实践中持续进行路径的完善和优化，形成数据开放的动态能力，进而推动地方数据开放绩效提升。本研究对于客观事实的具体发现如下：

第一，地方政府数据开放高绩效的实现路径具有差异性，包括单点突破（行政驱动、产业驱动、社会驱动）和全面发力（综合驱动）等多元路径。本书运用定性比较分析的一个基本前提假设就是，政府数据开放绩效与行政要素、市场要素、社会要素间存在多重并发因果关系，即高绩效这一结果的“因”不止一个。各要素间的组合与配置，以及由此形成的多重路径是政府数据开放取得高绩效的关键。在政府数据开放的实践场景下，地方政府在资源基础和发展阶段方面的巨大差异意味着，通过多元路径推动政府数据开放绩效提升是必要的。

在单点突破路径下，由于各地方政府在本地经济水平、产业和技术基础、社会环境等基础条件方面表现不一，其创新发展受到原有生产要素、技术基础、社会环境等限制。发挥比较优势、突破资源限制有侧重地进行单点突破的路径创新是提高地区适应力和竞争力的关键。地方政府需要结合本地资源优势和发展特征进行因地制宜、契合实际的政策创新，通过积极的行政推动、市场创新要素吸纳、引导社会参与等方式寻求路径突破和创新发展。在综合驱动路径下，大多数发达地区拥有多样化的知识、技术、经济等生产要素的先发优势，成为其创新发展的重要基础。在行政赋能、技术孵化、环境孕育等多个要素的协同作用下，政府数据开放在基础条件优渥的地区顺利发展，通过多要素驱动取得高绩效并实现良性循环。

第二，地方政府数据开放高绩效的实现路径具有差异性，但其基本规律是一致的，即地方政府根据本地资源基础和发展特征，识别和培育可能产生良好收效的关键驱动要素，通过行政赋能、资源吸纳、主体互动等方式发挥关键要素的驱动作用，进行务实的路径选择并在实践中持续优化发展路径，形成数据开放的动态能力，进而推动数据开放绩效提升。

本书的组态分析和案例分析结果表明，地方政府数据开放绩效受到多种要素的协同影响，行政要素、市场要素和社会要素均是影响政府数据开放绩效的重要因素，但不同要素在不同组态路径中的作用发挥是不同的。在数据开放高绩效的不同路径下，某一要素或某几个要素发挥更为关键的驱动作用。这表明地方政府在对本地特征和优劣势要素进行整体评估后，需要通过精准的要素识别和积极的要素培育，以高效的方式将更多注意力和资源分配在关键驱动要素上，进行务实的路径选择与持续优化，提升数据开放动态能力，确立起本地政府数据开放的竞争优势。

在关键要素的识别和培育方面，其中，政府准备度是经济相对欠发达地区提升数据开放绩效的重要影响因素。地方政府可以从政府注意力的纵向传导、组织协调和统筹机制的建构、政策完备性和专业性的提升等方面提升政府准备度，克服本地基础要素不足的发展桎梏。通过赋能政府部门，充分发挥行政要素的作用为数据开放提供关键引导和支撑；发挥数据产业优势、促进数据开发和成果转化可能成为数据产业发展潜力较大的地区寻求数据开放路径突破的关键点。地方政府吸纳市场创新资源，推动数据开发和创新，并探索将比较优势转化为竞争优势，通过提升地区创新能力、培育核心竞争力实现持续发展，成为以产业要素为抓手促进数据开放绩效持续提升的关键；公众互动反馈是政府数据开放绩效提升的必要条件。本书的分析表明，公众作为用户参与政府数据开放的意愿在很大程度上取决于其对参与结果的预期。这把我们的视角从外部带回了内部，即社会参与和互动程度的提高更需要政府从数据供给、平台设计、参与渠道、实际收效、资源保障等方面进行持续反思和改进。

在路径的选择与优化方面，地方政府基于本地基础要素特征和发展需要，基于效率主义和实用主义导向思路，可以因地制宜地通过差异化的路径选择达到预期的绩效目标。中国地方政府数据开放高绩效的实现路径并非一蹴而就，反映了地方政府持续的学习和探究过程。中国地方政府在探索数据开放建设过程中，既体现了对标国际一流水平，在法规建设、主体互动、开放授权、技术设施等基础要素层面进行探索，逐步形成学习和赶超态势。又体现了先进地区主动探索，其他地区随后加入开放潮流，参考先进地区和试点经验探索符合地方特色的数据开放发展路径并在实践中持续调整优化的进步过程。这反映了我国地方政府始终保持敏锐度和开放意识，参照先进地区和优秀案例进行主动自我完善和成长的过程，体现了其治理的有效性。

在动态能力的形成方面，如上所述，政府数据开放是一个始于基础要素聚焦，进行路径选择，进而实施行政行为的过程。[①]政府作为核心决策者有效地进行路径选择、有计划地投入各类资源等都可以视为审视政府行为和权力运行的重要指标，能够体现体现政府政策理念清晰与否以及政府能力的强弱。政府数据开放高绩效的实现体现了政府为适应环境变化，对其拥有的内外部资源进行整合、重构，以充分发掘数据价值的过程[②]，强调政府对已有资源的整合、更新和创造，以形成改变现状的动态能力。我国各地方政府在资源基础上差异较大，因而基于有限的基础要素进行路径和方向选择体现了政府数据开放动态能力上的差异，进而影响政府数据开放绩效。政府数据开放处于持续的更新和变动过程中，动态能力体现了政府敏锐发现并适应外部环境变化，推动创新变革和动态调整的技能，强调的是改变现有资源位势，通过有效的路径选择培育竞争优势的能力，成为驱动其绩效持续提升的关键。

第三，本书基于对政府数据开放绩效因果机制的分析，提出地方政府数据开放绩效提升的思路。相比基础资源的占有优势，地方政府对内外部资源进行整合和利用、克服基础条件局限寻求路径突破的动态能力更加关键。因此，地方政府应该从整体视角出发，以动态、整合、协调为治理理念，选择适合本地区特征和需求的发展路径，因地制宜地推动各要素协同效应的发挥。

① 文宏、杜菲菲:《注意力、政策动机与政策行为的演进逻辑》,《行政论坛》2018年第2期。

② Yuqian Han, Dayuan Li, "Effects of Intellectual Capital on Innovative Performance", *Management Decision*, Vol.53, No.1, 2015, pp.40-56.

就开放深度而言，政府是政府数据开放的中心行动者，发挥其行政赋能作用，在政治动员、制度设计、资源调配和组织安排等方面发挥引导和支撑作用是地方政府数据开放绩效提升的前提条件；就开放效度而言，对于数据产业发展潜力较大的部分欠发达地区，技术和产业层面的突破可能成为撬动其发展的关键节点。地方政府需要探究如何发挥本地优势，吸纳市场创新资源推动数据开发和创新，并持续支持和关注本地区技术创新能力和核心竞争力的培养；就开放温度而言，激励公众合作参与、满足公众需求是数据开放以人民为中心、服务于民的宗旨的体现，反映了政府改进公共服务、增进社会收益的追求。政府需要培育更加积极的公众主体，拓宽公众参与数据开放的渠道，构建良性的政民互动系统。通过有效的双向互动，推动公众自觉参与数据开放建设，为数据开放贡献智慧。

二、对理论层面的探索

第一，从理论价值的角度，在揭示因果机制方面，本书将定性比较分析与案例分析相结合，发挥了两种方法在寻找因果关系方面的互补优势，在揭示政府数据开放绩效的影响因素和提升机制方面进行了创新性探索。已有研究围绕政府数据开放绩效影响因素这一研究议题进行了诸多有益探索。但对单一因素的研究通常强调某一方面，缺少对多重要素之间联动匹配的细致考察。在整合性因素的研究中，多重影响因素发挥作用的相对重要性少有涉及，对各类复杂因素如何通过联动匹配作用于政府数据开放绩效的研究仍不充分。此外，相关研究基本集中在对单一或复合影响因素及条件组态的“要素”层面的分析，未能系统揭示各类原因要素如何作用于结果的过程和运行机理，对于数据开放高绩效的不同组态路径间的共性内在规律探索不足，因此对于资源基础差异显著的地方政府如何提升数据开放绩效的思路探讨较为有限。

本书运用定性比较分析方法，通过24个省级政府样本的全覆盖，提供了充足的数据支撑，得出地方政府数据开放绩效的影响因素和高绩效的四种组态路径，使研究超越个案的特殊性和偶然性，通过多案例分析和考察得出更具普遍性的结论。但QCA仅直观地展现条件组合以及路径的等效性，从QCA所得到的集合关系仍需要结合对具体案例发展过程的叙述，才能达成因果分析。因此，本书在组态分析结论的基础上，对数据开放高绩效四种组态路径下的典型案例进行深度分析和比较，总结各案例的特征、发展过程以及关键要素的作用机制，在差异化的路径中寻找其共性规律。本书在已有研究的基础上更进一步提炼出政府数据开放绩效的提升机制，增强了对因果机制的理论解释力。本书的研究结论有助于深化对我国地方政府数据开放绩效的多重影响因素及其提升机制的理性认识，打开从资源到能力的“黑箱”，为资源基础不同的地方政府如何因地制宜地进行路径选择，推动数据开放绩效提升带来有益的启示，对现有研究进行了有效补充和扩展。

另外，本书对地方政府数据开放绩效提升机制的探讨揭示了治理层面的意义。本书强调在政府数据开放进程中，政府作为核心行动者具有很强的权威性并掌握强大的资源整合能力，因此发挥其主观能动性进行务实路径选择具有关键意义。相比资源占有优势，地方政府对资源进行整合和利用的动态能力更为重要。本书提出，资源基础存在明显差异的地方政府可以基于其已有的有限条件进行理性决策，将资源和关注点集中到更有助于提升数据开放绩效的关键驱动要素上，因地制宜地采用单要素或多要素驱动路径，通过不同的路径选择达成数据开放绩效目标。政府作为决策者有效地进行要素识别和路径选择、有计划地投入物质资源等都可以视为审视政府行为和权力运行的重要指标，能够体现政府政策理念清晰与否和数据治理能力强弱。

中国地方政府数据开放实践表明，地方政府通过实用主义的治理理念和持续的学习和路径优化，形成数据开放的动态能力，可以克服本地区的基础要素紧张、实践经验不足等问题，通过多元组态实现其预期结果。这体现了地方政府推动数据开放绩效提升的效率主义和实用主义导向思路，是一种有效的治理逻辑。这一治理思路也表明，基础要素条件较差的地方政府没有必要陷入数据开放的“本领恐慌”。地方政府通过探索建设符合地方特色的数据开放体系，并对标高绩效地区进行持续的学习和探索，进行主动自我完善和成长，形成数据开放动态能力，可以改变既有资源位势、突破发展困境推动数据开放绩效提升。

第二，从理论反思的角度，本书对中国地方政府数据开放实践进行了审视，提出了政府数据开放的演进方向。中国地方政府数据开放探索过程体现了政府、市场和社会主体合作生产的公共服务供给模式的有效性，在提升公共服务质量、保障政府回应度和公众满意度、挖掘数据资源价值方面取得了明显进展。但推动我国地方政府数据开放走向纵深必然要求对开放政府理论对于治理能力提升和数据价值实现等核心追求进行持续反思。政府数据开放价值的创造不仅需要通过政府与市场、社会合作生产关注效率、收益的提升，也要更加重视以公民为中心的多元价值创造，即推动政府数据开放这一公共服务向公共价值共同创造演变，增进整体社会收益，从有效的治理向更好的治理演进。

中国地方政府数据开放实践表明，以公共价值为追求是推进数据开放走向纵深和绩效持续提升的方向。目前在数据开放实践中，政府、市场以及社会力量已经发挥了重要作用，如何引导和激励各主体更加主动地参与数据开放价值共创，实现开放政府理论对提升治理能力、增进公共价值的追求，成为未来需要关注的焦点。公共价值的共同创造强调多元主体协作的关键意义，指出其参与既能在合作生产过程中完成各类资源的有效整合，又能够在协作中使各方平等地参与社会价值塑造，体现了公共治理对“善治”的追求和政府数据开放绩效研究工具理性和价值理性的统一。这也与我国公共服务转型时期提出的完善公共服务体系、建设服务型政府、保障人民的归属感和获得感等基本目标相一致。因此，构建多元主体共同参与治理和贡献力量的新格局将成为数据开放和公共服务质量持续提升的战略选择。数据开放绩效的持续提升需要以公共价值为核心导向，建立健全价值共创的体制机制，在组织架构、运行机制、技术方法和管理模式方面不断创新，推动数据开放质量的持续提升和社会整体收益的增加。

三、对未来研究的展望

本书对于中国地方政府数据开放绩效的提升机制进行探索，得出了具有一定创新性的研究成果。在本研究的基础上，以下方面可能成为未来研究的生长点。

第一，目前全国仍有吉林、辽宁、云南三省的省级和下辖市级未上线地方政府数据开放平台，相关数据和资料缺失。但可以预见，未来我国政府数据开放将在地方层面全面铺展开来，届时将涌现一大批地方政府数据开放实践案例，为我国政府数据开放研究提供大量的、鲜活的第一手素材。在未来研究中，应继续密切关注和跟进我国政府数据开放实践动向，将后续加入数据开放的地方政府纳入研究，继续扩充样本量并囊括跨年份的案例数据，也可考虑将表现突出的地级城市纳入研究范畴，并持续跟踪分析纵向数据和面板数据，以及时回应和分析数据开放的实践变化。

第二，本书主要基于公共管理学科的理论视角确立研究框架，未来研究可从其他学科或研究视角进入。政府数据开放这一议题与政治学、法学、经济学、社会学等学科密切相关。借助这些学科的理论知识，无疑可以拓展和深化相关研究。如基于政治学理论，从历史制度主义、政治系统论等视角出发，分析政府数据开放的制度变迁规律和政治系统内部关系，据此进一步探讨政府数据开放绩效的影响因素和作用机制，从不同学科视角丰富研究成果。

第三，随着智慧城市的发展和区块链等新技术的普及，技术赋能政府数据开放成为不可忽视的关注重点。新冠疫情后健康码、疫情地图等数据开发和应用案例表明，新的技术背景下政府数据资源开发利用与社会生活的深度融合，可以帮助各主体进行“并联式”协同联动。新技术的涌现使政府数据的供应和交互得到更强有力的支持，行政决策科学化、对接需求精准化、战略推进高效化等优势可能被激发。但技术赋能在迅速提升数据开放效率的同时也对制度保障、安全保护等提出了更高的要求。新技术的应用前景广阔但仍存在风险，一个尽可能开放并使每个人收益的未来不会自动到来，如何通过法律规章的完善以及管理机制的优化，对数据安全、公民隐私等进行有效保护，在新技术变革背景下推动数据开放绩效的持续提升，成为未来研究可以继续探讨的方向之一。

值得期待的是，伴随我国地方政府数据开放实践的发展和经验的积累，对政府数据开放绩效影响因素和机制的探究必将逐渐深入，理论视角的逐渐开拓和实证素材的不断丰富将继续完善和推动对政府数据开放绩效因果机制的后续研究。

附　　录

附录1：关于政府数据开放影响因素的开放式问卷

基本信息部分：

1.您的性别：①男；②女

2.您的年龄：①＜20岁；②20~30岁；③30~40岁；④40~50岁；⑤50~60岁；⑥60~70岁；⑦＞70岁

3.您的学历：①大专及以下；②本科；③硕士；④博士；⑤其他________

4.您的专业技术职称：①无；②初级职称；③中级职称；④副高级职称；⑤正高级职称；⑥其他________________

5.您在数据开放工作中承担的职能或发挥的作用：①主管领导；②项目负责人；③项目组成员；④项目外部顾问；⑤项目用户；⑥项目监督与评价；⑦其他___________

6.您参与数据开放工作的时间：①3个月以下；②3—6个月；③6—12个月；④1—2年；⑤2—3年；⑥3—4年；⑦5年以上

7.您参与过的数据开放项目数量是：①1个；②2个；③3个；④4个；⑤5个；⑥6个；⑦7个及以上

8.您参与过的数据开放项目级别是：①国家级项目；②省级项目；③地市级项目；④单一来源资金资助；⑤多来源资金资助

9. 您在数据开放工作中主要职责是：①项目规划与政策制定；②系统开发/设计；③项目实施/使用；④项目整体跟进；⑤项目监督；⑥项目评价；⑦项目使用培训；⑧其他___________

开放式问题部分：

1. 您认为所在机构（或上级机构、主管部门）在政府数据开放具体工作中存在哪些问题或不足之处？（请至少举3例）

2. 您认为可以从哪些方面进行调整和优化，以提升政府数据开放和利用的效果？（请至少举3例）

附录2：政府数据开放问题研究的专家调查

尊敬的______先生/女士：

您好！

构建全面开放的政府数据开放体系，是数字政府建设的关键基础。在国家政策激励和数据资源潜在价值吸引下，我国各级地方政府积极加入数据开放的实践探索，呈现出东部地区率先发展、中西部地区后发追赶的良好态势，但是由于各地在经济基础、科技水平、社会环境等方面存在的巨大差异，地方政府数据开放的绩效水平参差不齐。因此，探析影响政府数据开放绩效的关键因素，探索具有本土适用性的绩效提升路径与实现策略，对整体上提升我国政府数据开放的效率、效果、效益具有重要意义。

政府数据开放指行政机构将其在公共管理活动中收集和保存的除法定保密外的全部公共数据，向社会实时、永久开放，其直接目标是推动政府数据的有效开发和利用，挖掘和获取数据价值。政府数据开放并不是单一主体的行为，也包括与数据开放相关的一系列活动，如制定相关法规政策及标准、建立和维护数据开放平台、促进数据开发利用等，最终目的是推动数据价值的实现。

由于各地在经济基础、科技水平、社会环境等方面存在的巨大差异，目前我国地方政府数据开放的绩效水平参差不齐。因此，本次问卷调查活动旨在通过了解我国各部门以及地方数据开放的情况，分析和探索问题存在的根本原因和解决办法，并为政府数据开放活动的改进提供决策依据。

您是业内的专家，您对于相关问题的观点和判断，是本人开展政府数据开放研究工作宝贵的一手资料。恳请您在百忙中完成这份调查问卷（见附件）。非常抱歉，因为政府数据开放涉及的方向及问题较多，所以问卷题目量较大，需要您花费一些宝贵的精力和时间完成问卷。再次对您的支持和帮助表示感谢！

此致

敬礼！

填写说明：

1.您的回答没有对错之分，访谈题目均为开放式问题，请您结合工作中的实际情况和认识、体会进行填写。

2.本人郑重承诺对您提供的信息保密，且仅用于本研究。

Q1：中国政府数据开放的发展基础和建设环境如何？

Q2：中国政府数据开放工作中，各部门权责规范的内容是什么？

Q3：中国地方政府数据开放的管理机构、部门权责划分、跨部门协同方式分别如何？是否发挥了应有作用？

Q4：中国政府数据开放部门之间协作关系和效果如何？具体工作是如何运行的？

Q5：中国地方政府数据开放的部门内部分工如何？各自承担了什么功能？

Q6：中国政府数据开放相关法律政策中对于技术、风险、安全等方面的具体规定是什么？发挥了什么样的作用？

Q7：中国地方政府数据开放工作中，公职人员的心理认知与预期、综合素质和现实表现如何？能否满足数据开放工作的要求？

附录3：政府数据开放问题研究调查问卷

机构名称：

联系人：

联系电话：

电子邮箱：

填写说明：

1.本次问卷需要占用您10—15分钟，给您造成的不便请多谅解。

2.本次问卷调查采取无记名方式，所获得的信息和数据将被严格保密，只作为本次学术研究分析之用，不会涉及个人信息、机构机密等，请您放心和如实填写。

3.本次问卷的填写中，您可能会遇到一些学术词语，一般会有举例、解释，请您认真阅读、准确填写。

4.若您在填写过程中遇到任何问题或有任何更好的建议，欢迎您随时联系我。

5.联系人：

联系电话：

电子邮箱：

联系地址：

您的意见对我的研究工作极为重要，为此恳请您在百忙中拨冗填写本问卷。如果您需要本次调查的综合分析结果，请与我联系。

首先，为了进行问卷分析，请您提供以下基本信息。

第一部分：基本信息

1.您所工作的区域：

A.北京

B.华北地区（天津、河北、山西、山东、河南）

C.华东（上海、江苏、浙江）

D.华中（安徽、江西、湖北、湖南）

E.华南（福建、广东、广西）

F.西南（重庆、四川、云南、贵州、西藏）

G.西北（陕西、甘肃、青海、宁夏、新疆、内蒙古）

H.东北地区（辽宁、吉林、黑龙江）

2.您所工作的部门层级：

A.中央

B.省级

C.市级及其他

3.您所工作的机构类型：

A.机关单位

B.事业单位

C.国有企业

第二部分：问卷调查内容

请根据您所了解和感受的实际情况进行评价，并在对应的位置画圈。

（1=完全不同意，2=大部分不同意，3=基本同意，4=大部分同意，5=完全同意）

一、制度与政策

1. 目前我国政府数据政策能够很好地指导我所在机构（或机构所在上级机构、主管部门）进行政府数据开放；

2. 目前我国有明确的政策、标准规范指引公共部门进行政府数据开放；

3. 目前我国对政府数据的所有权及使用许可进行了明确的规定；

4. 目前我国政府数据开放的相关政策能够有效地解决部门间在政策执行中的协作问题；

二、数据资源

5. 我认为我所在机构（或机构所在上级机构、主管部门）拥有的数据数量规模较大，对政府数据开放发挥了积极作用；

6. 我认为我所在机构（或主管本机构数据开放的协调部门、上级部门）拥有的数据质量较高，对政府数据开放发挥了积极作用；

7. 我认为外部数据使用者能够自由、无障碍地获取我所在机构（或主管本机构数据开放的协调部门、上级部门）的数据，对政府数据开放发挥了积极作用；

8. 我认为我所在机构（或主管本机构数据开放的协调部门、上级部门）拥有的数据具有很高的完整性，对政府数据开放发挥了积极作用；

9. 我认为我所在机构（或主管本机构数据开放的协调部门、上级部门）对于数据的更新和修正及时，对政府数据开放发挥了积极作用；

10. 我认为外部信息使用者能够免费获取我所在机构（或主管本机构数据开放的协调部门、上级部门）的公开数据，对政府数据开放发挥了积极作用；

三、组织机构

11. 我认为我所在机构（或主管本机构数据开放的协调部门、上级部门）进行了充分的数据开放前期相关建设，对政府数据开放发挥了积极作用；

12. 我认为我所在机构（或主管本机构数据开放的协调部门、上级部门）管理者与其他机构管理者能够进行有效沟通和及时交流，对政府数据开放发挥了积极作用；

13. 我认为其他政府机构工作人员经常登录我机构平台并查询相关信息，对政府数据开放发挥了积极作用；

14. 我认为如果数据开放平台的建设、维护成本小于数据开放能够创造的社会价值，那么相关机构会愿意建设各类数据开放平台；

15. 我认为我所在机构（或主管本机构数据开放的协调部门、上级部门）有足够的技术支持，包括专业技术人员或者技术团队，对政府数据开放发挥了积极作用；

16. 我认为数据格式标准的统一和规范，对政府数据开放发挥了积极作用；

四、利用效果

17. 我认为数据使用者能够有效地检索和利用政府开放的数据；

18. 我认为公众参与政府开放数据活动能够创造更多社会价值，对政府数据开放有促进作用；

19. 我认为我所在机构（或主管本机构数据开放的协调部门、上级部门）具有较强的服务意识和决策能力，对政府数据开放发挥了积极作用；

20. 我认为推动政府数据开放政策创新，对政府数据开放发挥了积极作用；

21. 我认为我所在机构（或主管本机构数据开放的协调部门、上级部门）的技术人员有充分的能力满足技术要求，对政府数据开放发挥了积极作用；

22.我认为我所在机构（或主管本机构数据开放的协调部门、上级部门）为技术创新营造了良好的制度文化环境，对政府数据开放发挥了积极作用；

五、安全保护

23.我认为我所在机构（或主管本机构数据开放的协调部门、上级部门）能够保证信息和数据存储的安全性，对政府数据开放发挥了积极作用；

24.我认为我所在机构（或主管本机构数据开放的协调部门、上级部门）能够保证跨部门数据流动的安全，对政府数据开放发挥了积极作用；

25.我认为我所在机构（或主管本机构数据开放的协调部门、上级部门）能有效保障所开放数据用户的相关权利及隐私，对政府数据开放发挥了积极作用；

六、开放程度和效度

26.我认为我所在机构（或主管本机构数据开放的协调部门、上级部门）进行了充分的政府数据开放；

27.我认为我所在机构（或主管本机构数据开放的协调部门、上级部门）发布的数据具有很高的准确性和研究价值。

本人会及时反馈研究结果给您。若您对本次调研有任何疑问，请随时与本人联系！

附录4：政府数据开放访谈提纲

尊敬的受访者：

您好！非常感谢您参加本次调查研究，本问卷的目的是了解公众对数字政府的信任感，以及数字政府如何影响政府信任等问题。问卷共包括个人基本信息和开放式问题两部分，需要您花费10—20分钟的时间。本调查不针对个人，数据仅作为整体概况进行文本分析，所有资料将严格保密，您的回答不会对个人和所在部门产生任何影响，请放心作答，真实并详尽地表达您的感受。您的宝贵意见对本研究有非常大的帮助，我们诚挚地邀请您认真填写本问卷，每个开放式问题的字数控制在20~200字。您的回答仅用作学术研究，未经您的同意，不会用于其他用途。最后，我们再次对您的参与及帮助表示衷心的感谢！

一、背景介绍

数据开放已成为世界范围内开放政府建设的重要目标。近年来，全球多个国家和地区制定政府数据开放战略，以推动政府改革、发掘公共资源价值、激励社会创新为核心目标。中国政府数据开放在近年取得重要进展。国家层面对政府数据开放进行了战略规划和引导。《2015年政府信息公开工作要点》首次提出将政府数据公开作为政府信息公开工作的拓展。《促进大数据发展行动纲要》从国家层面正式提出“政府数据开放共享”，并对建设开放平台、整合数据资源提出了要求。2020年《关于构建更加完善的要素市场化配置体制机制的意见》将政府数据开放共享列为培育数据要素市场的三大要点之首。首次将数据作为新生产要素，提出培育数据要素市场，强化数据安全和权益保护，推动数据资源红利实现的目标。在中央政策的引导下，我国各地方政府启动数据开放建设进程，在法规政策、组织体系、运行机制等方面进行创新。2012年，上海市建成中国第一个政府数据开放平台，同年北京市政府数据资源网上线。此后，浙江、广州等地方政府数据开放平台建成。目前我国地方政府数据开放平台数量逐年增加，东南沿海等经济较发达地区平台最为密集。

二、个人基本信息

1. 您的性别：

A. 男性　　B. 女性

2. 您的年龄：

A. 20岁以下　　B. 20~39岁

C. 40~59岁　　D. 60岁及以上

3. 您的受教育程度：

A. 高中及以下　　B. 本科

C. 研究生　　D. 不方便透露

4. 您的职业是：

A. 政府公务员　　B. 事业单位工作者

C. 企业/公司工作者　　D. 个体经营者

E. 其他

5. 您的年收入情况：

A. 0~3万元　　B. 3万~5万元

C. 5万~10万元　　D. 10万元以上

三、开放式问题

您听说过政府数据开放吗？您是怎么理解政府数据的？请举三个

例子。

2. 是什么因素使您愿意使用政府提供的数据、信息及服务？

A. 服务过程是高效、可靠的　　B. 服务结果是一致、可预测的

C. 出现问题可追溯、可问责　　D. 设身处地、为民所需、方便群众

3. 您之前是怎么办理与政府数据开放相关业务的？现在发生了哪些变化？

4. 您办理各种政府数据开放业务时，遇到过什么问题吗？

A. 隐私泄露　　B. 网站更新不及时、数据错误

C. 互动反馈不及时

5. 随着数字政府越来越成熟，您更加信任政府了吗？

6. 您希望政府数据开放在哪些方面进行改善？

7. 您听说过政府开放数据计划吗？如果是，请受访者简要描述该计划的主要内容。如果否，请向受访者描述该计划的内容。

8. 您愿意使用政府开放的数据服务吗？

9. 您曾经在政府数据开放平台或移动App上发表过意见或建议吗？您认为效果如何？

附录5：政府数据开放公众参与意向影响因素问卷

尊敬的受访者：

您好！您将要参与一项有关政府开放数据公众参与意向的科学研究调查，目的是了解政府开放数据服务过程中，公众持续参与并与政府进行有效互动的影响因素。您的宝贵意见对政府开放数据的发展将会有莫大的帮助，我们诚挚地邀请您对此问卷进行作答。本问卷调查无需署名，您的回答仅用作学术研究，我们将对您所提供的数据进行保密。您提供的数据对我们来说非常重要，请您真实地表达自己对政府开放数据的意见和想法。我们对您的支持与合作表示真诚的感谢！

此项调查问卷主要有两个部分，第一部分是关于受访者的个人信息情况，包括性别、职业、教育程度等信息；第二部分是政府开放数据持续使用意向问题。此项调查旨在系统地了解社会公众对政府开放数据的态度以及使用意向，同时了解政府开放数据持续使用意向的影响因素，共计30个题项。

相关概念：政府开放数据是行政机构将其在公共管理活动中收集和保存的除法定保密外的全部公共数据，向社会实时、永久开放。政府数据开放是政府提供的公共产品与服务，其直接目标是推动政府数据的有效开发和利用，挖掘和获取数据价值。政府数据开放并不是单一主体的行为，也包括与数据开放相关的一系列活动，如制定相关法规政策及标准、建立和维护数据开放平台、促进数据开发利用等，目的是推动数据价值的实现。截至2022年10月，我国208个省级和市级地方政府上线了政府数据开放平台。

一、个人基本信息

1.您的性别：

A.男性　　B.女性

2.您的年龄：

A. 20岁以下　　B. 20~39岁

C. 40~59岁　　D. 60岁及以上

3.您的受教育程度：

A.初中及以下　　B.高中、中专

C.大专　　D.本科

E.研究生及以上

4.您的职业是：

A.政府公务员　　B.事业单位工作者

C.企业／公司工作者　　D.个体经营者

E.其他

5.您是否使用过本地区的政府开放数据平台（.gov.cn）：

A.是　　B.否

若您未了解过政府数据开放，请您花几分钟时间浏览一下相关网站，如上海市公共数据开放平台，网址为：https：//data.sh.gov.cn

二、政府开放数据持续使用意向调查问卷表

说明：请根据您的个人感受，对下列陈述表达您的看法（1表示“完全不同意”，2表示“不同意”，3表示“一般”，4表示“同意”，5表示“非常同意”）。

有用性感受：

6.使用政府开放数据可以改进我的工作。

1　2　3　4　5

7.政府开放数据对我的生活很有帮助。

1 2 3 4 5

8.使用政府开放数据明显提高了我的学习效率。

1 2 3 4 5

9.政府开放数据为我提供了很多有价值的信息。

1 2 3 4 5

易用性感受:

10.学习如何使用政府开放数据对我来说比较容易。

1 2 3 4 5

11.我认为政府开放数据平台页面是清晰、美观的。

1 2 3 4 5

12.在政府开放数据平台上我能够很方便地找到我需要的数据。

1 2 3 4 5

13. 我认为获取并使用政府开放数据很简单。

1 2 3 4 5

实现预期程度:

14.我使用政府开放数据的体验比我的预期更好。

1 2 3 4 5

15.政府开放数据平台提供的数据服务比我预期的更多。

1 2 3 4 5

16.整体而言,我对政府开放数据的大部分预期能够得到满足。

1 2 3 4 5

政府信任度:

17.我可以信任政府。

1 2 3 4 5

18. 我认为政府有能力开放高质量的政府数据。

1　2　3　4　5

19. 我认为政府部门在开放数据时是关心群众利益的。

1　2　3　4　5

20. 在我看来，开放数据的政府部门是值得信赖的。

1　2　3　4　5

网络安全：

21. 目前有足够的安全措施保障，获取数据我很放心。

1　2　3　4　5

22. 我确信，法律和技术能充分保护我，使我的权益免受侵害。

1　2　3　4　5

23. 整体而言，互联网现在是一个比较安全的环境。

1　2　3　4　5

满意度：

24. 我初次使用政府开放数据的整体体验是非常满意的。

1　2　3　4　5

25. 我初次使用政府开放数据的整体体验是非常高兴的。

1　2　3　4　5

26. 我初次使用政府开放数据的整体体验是非常满足的。

1　2　3　4　5

27. 我初次使用政府开放数据的整体体验是非常愉快的。

1　2　3　4　5

持续使用意向：

28. 我将继续参与政府开放数据。

1　2　3　4　5

29. 我打算停止参与政府开放数据，或选择其他可替代的数据来源。

1 2 3 4 5

30. 如果可以，我将不再继续参与和使用政府开放数据。

1 2 3 4 5

参 考 文 献

一、中文著作

[1] 鲍静：《数据开放共享与政府管理创新》，社会科学文献出版社2020年版。

[2] 陈广胜：《走向善治》，浙江大学出版社2007年版。

[3] 陈绍宥：《大数据背景下贵州新兴产业发展研究》，知识产权出版社2018年版。

[4] 陈庆云：《公共政策分析》，北京大学出版社2011年版。

[5] 邓崧：《大数据时代的地方政府治理研究：数据开放、流程再造、行政决策》，云南大学出版社2017年版。

[6] 迪莉娅：《大数据环境下政府数据开放研究》，知识产权出版社2014年版。

[7] 迪莉娅：《我国政府部门基于大数据的决策模式研究》，知识产权出版社2020年版。

[8] 冯海红：《贵州省大数据纵深发展战略研究》，科学技术文献出版社2020年版。

[9] 高富平、张英、汤奇峰：《数据保护、利用与安全：大数据产业的制度需求和供给》，法律出版社2020年版。

[10] 耿骞、孙宇、刘晓娟：《中国政务信息化发展报告：智慧政府、政府数据治理与数据开放》，北京邮电大学出版社2017年版。

［11］国务院法制办公室：《中华人民共和国政府信息公开条例注解与配套》，中国法制出版社2008年版。
［12］郭育艳：《社会管理创新视角下政府信息公开问题研究》，中央财经经济出版社2016年版。
［13］何明、何红悦、禹明刚：《大数据导论：大数据思维与创新应用》，电子工业出版社2020年版。
［14］胡煜、罗欣伟、王丹：《数字革命：新时代的产业转型逻辑》，电子工业出版社2020年版。
［15］金江军：《互联网时代的新型政府》，中共党史出版社2017年版。
［16］李爱君：《中国大数据法治发展报告》，法律出版社2018年版。
［17］李广建、化柏林：《大数据时代：新思维与新管理》，中国人事出版社2016年版。
［18］李广乾：《政府数据整合政策研究》，中国发展出版社2019年版。
［19］李克、新玉言：《大数据：政府治理新时代》，台湾出版社2016年版。
［20］连玉明：《创新驱动力：中国数谷的崛起》，中信出版社2015年版。
［21］连玉明：《数化万物：2018中国国际大数据产业博览会全记录》，当代中国出版社2018年版。
［22］吕欣、李洪侠、李鹏：《大数据与国家治理》，电子工业出版社2020年版。
［23］毛子俊：《地方政府数据开放研究》，武汉大学出版社2019年版。
［24］牛忠志、曲海鹏：《政府信息资源的共享、增值性开发与利用》，知识产权出版社2011年版。
［25］潘云鹤、宗宇伟、张绍华：《大数据产业发展总体战略研究》，

上海科学技术出版社2017年版。
[26] 彭珊：《地方政府数据开放共享政策体系构建研究》，中国社会科学出版社2020年版。
[27] 萨瓦斯：《民营化与公私部门伙伴关系》，中国人民大学出版社2002年版。
[28] 孙静：《大数据：引爆新的价值点》，清华大学出版社2018年版。
[29] 王敬波：《政府信息公开：国际视野与中国发展》，法律出版社2016年版。
[30] 王磊：《公共产品供给主体选择与变迁的制度经济学分析：一个理论分析框架及在中国的应用》，经济科学出版社2009年版。
[31] 汪梦：《政府数据开放的法律问题研究》，中国社会科学出版社2020年版。
[32] 王克照：《智慧政府之路：大数据、云计算、物联网架构应用》，清华大学出版社2014年版。
[33] 王浦劬：《经济体制转型中的政府作用》，新华出版社2000年版。
[34] 王融：《大数据时代：数据保护与流动规则》，人民邮电出版社2017年版。
[35] 王益民：《数字政府》，中共中央党校出版社2020年版。
[36] 王益民：《电子政务环境下的政府信息公开》，国家行政学院出版社2016年版。
[37] 武靖州：《创造合作：公共产品供给中的政府选择》，经济科学出版社2018年版。
[38] 吴翌琳、房祥忠：《大数据探索性分析》，中国人民大学出版社2016年版。
[39] 闫霏：《政府开放数据平台增值服务模式研究》，中国社会科学

出版社2021年版。
[40] 颜海:《政府信息公开理论与实践》,武汉大学出版社2012年版。
[41] 阳斌:《当代中国公共产品供给机制研究》,中央编译出版社2012年版。
[42] 杨孟辉:《开放政府数据:概念、实践和评价》,清华大学出版社2017年版。
[43] 余凌云:《开放政府的中国实践:〈政府信息公开条例〉实施的问题与出路》,清华大学出版社2016年版。
[44] 翟云:《智慧治理:"互联网+"时代的政府治理创新》,国家行政学院出版社2016年版。
[45] 张国庆:《公共政策分析》,复旦大学出版社2014年版。
[46] 张莉:《数据治理与数据安全》,人民邮电出版社2019年版。
[47] 张晓娟:《政府信息资源管理标准化》,科学出版社2020年版。
[48] 赵需要:《政府数据资源共享开放政策与法规汇编》,海洋出版社2018年版。
[49] 郑磊:《开放的数林:政府数据开放的中国故事》,上海人民出版社2018年版。
[50] 中国网络空间研究院:《中国互联网发展报告》,电子工业出版社2018年版。
[51] 周宏仁、唐铁汉:《电子政务的理论与实践》,国家行政学院出版社2002年版。
[52] 周志峰:《群体智慧视域下政府数据开放的管理研究》,武汉大学出版社2020年版。
[53]〔美〕查尔斯·拉金、伯努瓦·里豪克斯著,杜运周、李永发等译:《QCA设计原理与应用:超越定性与定量研究的新方法》,

机械工业出版社2017年版。
[54]〔英〕大卫·李嘉图著，丰俊功译：《政治经济学及赋税原理》，商务印书馆1972年版。
[55]〔美〕戴维·赫佐格著，沈浩、李运译：《数据素养：数据使用者指南》，中国人民大学出版社2018年版。
[56]〔美〕戴维·伊斯顿著，王浦劬译：《政治生活的系统分析》，华夏出版社1999年版。
[57]〔美〕威廉·N.邓恩著，谢明译：《公共政策分析导论》，中国人民大学出版社2010年版。
[58]〔美〕赫伯特·西蒙著，詹正茂译：《管理行为》，机械工业出版社2013年版。
[59]〔美〕简·芳汀著，邵国松译：《构建虚拟政府：信息技术与制度创新》，中国人民大学出版社2010年版。
[60]〔美〕理查德·斯科特、杰拉尔德·戴维斯著，高俊山译：《组织理论——理性、自然与开放系统的视角》，中国人民大学出版社2011年版。
[61]〔美〕迈克尔·波特著，陈小悦译：《竞争优势》，华夏出版社1997年版。
[62]〔法〕皮埃尔·卡蓝默著，高凌翰译：《破碎的民主——试论治理的革命》，生活·读书·新知三联书店2005年版。
[63]〔美〕理查德·索尔·沃尔曼著，李银胜译：《信息饥渴：信息选取、表达与透析》，电子工业出版社2001年版。
[64]〔英〕亚当·斯密著，郭大力、王亚南译：《国民财富的性质和原因的研究》，商务印书馆1972年版。
[65]〔美〕詹姆斯·马奇著，王元歌、章爱民译：《决策是如何产生

的》，机械工业出版社2013年版。

二、中文期刊

[1] 安小米、白献阳、洪学海：《政府大数据治理体系构成要素研究——基于贵州省的案例分析》，《电子政务》2019年第2期。

[2] 安小米、郭明军、洪学海、魏玮：《政府大数据治理体系的框架及其实现的有效路径》，《大数据》2019年第3期。

[3] 白献阳、蔡昱、安小米：《政府数据开放协同机制研究——以贵州省为例》，《图书馆》2019年第9期。

[4] 白献阳、孙梦皎、安小米：《大数据环境下我国政府数据开放政策体系研究》，《图书馆学研究》2018年第24期。

[5] 白献阳：《美国政府数据开放政策体系研究》，《图书馆学研究》2018年第2期。

[6] 包国宪、文宏、王学军：《基于公共价值的政府绩效管理学科体系构建》，《中国行政管理》2012年第5期。

[7] 鲍静、张勇进：《政府部门数据治理：一个亟需回应的基本问题》，《中国行政管理》2017年第4期。

[8] 蔡婧璇、黄如花：《美国政府数据开放的政策法规保障及对我国的启示》，《图书与情报》2017年第1期。

[9] 常静、杨建梅、欧瑞秋：《基于TAM的百度百科用户参与意向的影响因素研究》，《软科学》2010年第12期。

[10] 曹海军、李明：《中国政府数据开放平台服务质量评价——基于熵权Topsis的实证分析》，《上海行政学院学报》2020年第4期。

[11] 曹慧琴、张廷君：《城市政府数据开放平台发展的影响因素及提

升建议》,《城市问题》2020年第12期。
[12] 曹雨佳、黄伟群:《政府数据开放生态系统构建:以数据安全为视角》,《图书馆理论与实践》2016年第10期。
[13] 曹雨佳:《政府开放数据生态链中的用户参与机制——以加拿大政府数据开放实践为例》,《情报理论与实践》2020年第4期。
[14] 曹雨佳:《政府数据开放研究现状:以数据安全为视角》,《特区实践与理论》2016年第2期。
[15] 陈才:《欠发达地区抢抓信息化机遇　加速跨越发展的经验和启示》,《信息化建设》2017年第11期。
[16] 陈朝兵:《我国政府数据开放研究:进展与评析》,《情报理论与实践》2018年第10期。
[17] 陈婧:《协同机制对政府开放数据的影响分析》,《情报资料工作》2017年第2期。
[18] 陈兰杰、赵元晨:《政策工具视角下我国开放政府数据政策文本分析》,《情报资料工作》2020年第6期。
[19] 陈明红、潘子璇、曾庆彬:《政务微信用户持续使用行为及用户契合的调节作用研究》,《现代情报》2020年第11期。
[20] 陈水湘:《基于用户利用的政府数据开放平台价值评价研究:以19家地方政府数据开放平台为例》,《情报科学》2017年第10期。
[21] 陈潭:《大数据驱动社会治理的创新转向》,《行政论坛》2016年第6期。
[22] 陈雁、张海丰:《后进地区技术追赶的机会窗口、发展路径与创新体系》,《贵州社会科学》2018年第6期。
[23] 程风、邵春霞:《中国省级政府数据开放绩效的驱动机制研

究——基于19省政府数据的模糊集定性比较分析》,《情报杂志》2022年第1期。

[24] 程万高:《面向公共服务的电子政务研究进展》,《电子政务》2008年第1期。

[25] 代佳欣:《英美新三国政府开放数据用户参与的经验与启示》,《图书情报工作》2021年第6期。

[26] 代凯:《注意力分配:研究政府行为的新视角》,《理论月刊》2017年第3期。

[27] 邓念国:《体制障碍抑或激励缺失:公共服务大数据共享的阻滞因素及其消解》,《理论与改革》2017年第4期。

[28] 迪莉娅:《"反公地悲剧"视角下的政府数据开放研究》,《情报理论与实践》2016年第7期。

[29] 豆文君:《贵州数字经济增速连续五年排名全国第一》,《当代贵州》2019年第28期。

[30] 杜运周、贾良定:《组态视角与定性比较分析:管理学研究的一条新道路》,《管理世界》2017年第6期。

[31] 杜运周、尤树洋:《制度逻辑与制度多元性研究前沿探析与未来研究展望》,《外国经济与管理》2013年第12期。

[32] 樊博:《顶层设计视角下的政府信息资源共享研究》,《现代管理科学》2009年第1期。

[33] 范静、张朋柱:《政府部门间电子政府信息共享实现程度及其效果实证研究》,《系统管理学报》2008年第2期。

[34] 范如国:《复杂网络结构范型下的社会治理协同创新》,《中国社会科学》2014年第4期。

[35] 冯仕政:《中国国家运动的形成与变异:基于政体的整体性解

释》,《开放时代》2011年第1期。

[36] 符嵘:《参与主体视角下的政府数据开放研究——以上海市为例》,《科技促进发展》2017年第4期。

[37] 付熙雯、郑磊:《政府数据开放国内研究综述》,《电子政务》2013年第6期。

[38] 高大伟:《英、美、日政府开放数据的实践及启示》,《图书情报导刊期刊》2017年第10期。

[39] 高国伟、龚掌立、李永先:《基于区块链的政府基础信息协同共享模式研究》,《电子政务》2018年第2期。

[40] 高天鹏、陈晓威、赵秀林:《基于解释结构模型的我国政府数据开放影响因素分析》,《电子科技大学学报》2006年第3期。

[41] 高天鹏、莫太林:《政府数据开放平台用户初始采纳模型及实证研究》,《电子政务》2018年第11期。

[42] 龚勤林、陈说:《论我国欠发达地区的后发优势转化及赶超路径——以贵州为例》,《贵州社会学》2014年第4期。

[43] 顾嘉琪、袁摇莉:《基于公众需求的政府数据开放服务质量提升研究》,《情报杂志》2020年第6期。

[44] 顾铁军、夏媛、徐柯伟:《上海市政府从信息公开走向数据开放的可持续发展探究——基于49家政府部门网站和上海政府数据服务网的实践调研》,《电子政务》2015年第9期。

[45] 韩博天:《中国经济腾飞中的分级制政策试验》,《开放时代》2008年第5期。

[46] 韩普、康宁:《国内政府数据开放共享的关键因素分析及评价》,《情报科学》2019年第8期。

[47] 韩啸、吴金鹏:《政府数据开放水平的驱动因素:基于跨国面板

数据研究》,《电子政务》2020年第6期。

[48] 贺东航、孔繁斌:《中国公共政策执行中的政治势能——基于近20年农村林改政策的分析》,《中国社会科学》2019年第4期。

[49] 贺东航、孔繁斌:《公共政策执行的中国经验》,《中国社会科学》2011年第5期。

[50] 贺东航、孔繁斌:《重大公共政策政治势能优劣利弊分析——兼论政治势能研究的拓展》,《公共管理与政策评论》2020年第4期。

[51] 何渊:《政府数据开放的整体法律框架》,《行政法学研究》2017年第6期。

[52] 洪伟达、马海群:《我国开放政府数据政策的演变和协同研究——基于2012—2020年政策文本的分析》,《情报杂志》2021年第1期。

[53] 洪银兴:《从比较优势到竞争优势——兼论国际贸易的比较利益理论的缺陷》,《经济研究》1997年第6期。

[54] 侯人华、徐少同:《美国政府开放数据的管理和利用分析——以www.data.gov为例》,《图书情报工作》2011年第4期。

[55] 胡海波、娄策群:《数据开放环境下的政府数据治理:理论逻辑与实践指向》,《情报理论与实践》2019年第7期。

[56] 胡小明:《从政府信息公开到政府数据开放》,《行政管理改革》2015年第8期。

[57] 胡业飞、孙华俊:《政府信息公开与数据开放的关联及治理逻辑辨析——基于“政府—市场—社会”关系变迁视角》,《中国行政管理》2021年第2期。

[58] 黄璜、孙学智:《中国地方政府数据治理机构的初步研究:现状与模式》,《中国行政管理》2018年第12期。

[59] 黄璜:《数字政府:政策、特征与概念》,《治理研究》2020年第3期。

[60] 黄如花、赖彤:《数据生命周期视角下我国政府数据开放的障碍研究》,《情报理论与实践》2018年第2期。

[61] 黄如花、林焱:《国外开放政府数据描述规范的调查与分析》,《图书情报工作》2017年第20期。

[62] 黄如花、温芳芳:《我国政府数据开放共享政策问题的构建》,《图书情报工作》2017年第20期。

[63] 黄如花、温芳芳:《在开放政府数据条件下如何规范政府数据——从国际开放定义和开放政府数据原则谈起》,《情报理论与实践》2001年第9期。

[64] 黄如花:《我国政府数据开放共享标准体系构建》,《图书与情报》2020年第3期。

[65] 黄如花:《北京和上海政府数据开放政策的异同》,《图书馆》2017年第8期。

[66] 黄晓春、周黎安:《政府治理机制转型与社会组织发展》,《中国社会科学》2017年第11期。

[67] 黄莺:《政府数据开放绩效研究:内涵、特征及生成机理》,《四川大学学报(哲学社会科学版)》2021年第5期。

[68] 姬卓君、马海群:《我国政府数据开放状况评价分析》,《图书情报研究》2018年第1期。

[69] 姜红波、王双凤、邵婷:《政府数据开放用户接受度影响因素的实证分析》,《厦门理工学院学报》2017年第4期。

[70] 金太军、袁建军:《政府与企业的交换模式及其演变规律——观察腐败深层机制的微观视角》,《中国社会科学》2011年第1期。

[71] 句华:《社会组织在政府购买服务中的角色：政社关系视角》,《行政论坛》2017年第2期。
[72] 李大伟:《后发大国的发展战略——从比较优势到适度赶超》,《宁夏社会科学》2016年第5期。
[73] 李德升:《加快发展信息产业新业态》,《宏观经济管理》2015年第6期。
[74] 李飞、何红锋:《PPP模式社会许可法权化探究》,《行政论坛》2019年第1期。
[75] 李梅、张毅、杨奕:《政府数据开放影响因素的关系结构分析》,《情报科学》2018年第4期。
[76] 李卫东:《政府信息资源共享的原理和方法》,《中国行政管理》2008年第1期。
[77] 李晓方:《理念，激励与共享经济的敏捷治理：基于地方政府网约车监管实践的实证分析》,《中国行政管理》2019年第6期。
[78] 李晓园:《县级政府公共服务能力与其影响因素关系研究——基于江西、湖北两省的调查分析》,《公共管理学报》2010年第4期。
[79] 李燕:《预热“大数据”产业　上海率先推进政府数据开放》,《上海信息化》2014年第6期。
[80] 李月、曹海军:《数据生命周期视角下政府跨域协作数据治理及其运行逻辑》,《东北大学学报(社会科学版)》2020年第3期。
[81] 李振:《注意力推动政策执行：中国领导人的“现场主义”机制研究》,《马克思主义与现实》2018年第5期。
[82] 练宏:《注意力竞争——基于参与观察与多案例的组织学分析》,《社会学研究》2016年第4期。

[83] 练宏：《注意力分配——基于跨学科视角的理论述评》，《社会学研究》2015年第4期。
[84] 练宏：《中国政府行为的注意力分配研究何以有特色？》，《公共行政评论》2020年第1期。
[85] 梁乙凯、戚桂杰：《基于模糊集定性比较分析的政府开放数据使用影响因素研究》，《情报杂志》2019年第3期。
[86] 梁智、周东、徐春学、刘建国：《2018年上半年国家电子政务外网总体概况》，《保密科学技术》2018年第4期。
[87] 林斌：《比较优势理论：文献综述》，《全国商情》2007年第1期。
[88] 刘军强、谢延会：《非常规任务、官员注意力与中国地方议事协调小组治理机制——基于A省A市的研究（2002—2012）》，《政治学研究》2015年第4期。
[89] 刘淑妍、王湖葩：《TOE框架下地方政府数据开放制度绩效评价与路径生成研究》，《中国行政管理》2021年第9期。
[90] 刘骥、张玲、陈子恪：《社会科学为什么要找因果机制——一种打开黑箱、强调能动的方法论尝试》，《公共行政评论》2011年第4期。
[91] 刘拥华：《注意力分配的社会逻辑》，《社会科学研究》2020年第4期。
[92] 刘新萍、袁佳蕾、郑磊：《地方政府数据开放准备度研究：框架与发现》，《电子政务》2019年第9期。
[93] 陆峰：《电子政务三十年》，《互联网经济》2016年第2期。
[94] 陆莉、沙勇忠、徐雪峰：《基于生命周期的公共安全数据管理模型研究》，《图书与情报》2019年第4期。
[95] 卢锋华、王昶、左绿水：《跨越政策意图与实施的鸿沟：行动者

网络视角——基于贵阳市大数据产业发展（2012—2018）的案例研究》，《中国软科学》2020年第7期。

[96] 骆毅、王国华：《开放政府理论与实践对中国的启示——基于社会协同治理机制创新的研究视角》，《江汉学术》2016年第2期。

[97] 吕凯、赵洋：《人工智能背景下政府的数据开放与共享——以天津市政府为例》，《东南大学学报》2018年第2期。

[98] 吕元智：《基于云计算的电子政务信息资源共享系统建设研究》，《情报理论与实践》2010年第4期。

[99] 马广惠、安小米：《政府大数据共享交换情境下的大数据治理路径研究》，《情报资料工作》2019年第2期。

[100] 马亮：《政府创新扩散视角下的电子政务发展——基于中国省级政府的实证研究》，《图书情报工作》2012年第56期。

[101] 门理想、王丛虎：《中国地方政府数据开放建设成效的影响因素探究——基于生态系统理论框架》，《现代情报》2021年第2期。

[102] 门理想：《地方政府数据治理机构研究：组建方式与职能界定》，《兰州学刊》2019年第11期。

[103] 蒙克、李朔严：《公共管理研究中的案例方法：一个误区和两种传承》，《中国行政管理》2019年第9期。

[104] 孟庆国、林彤、乔元波、王理达：《中国地方政府大数据管理机构建设与演变——基于第八次机构改革的对比分析》，《电子政务》2020年第10期。

[105] 欧阳静：《压力型体制与乡镇的策略主义逻辑》，《经济社会体制比较》2011年第3期。

[106] 庞明礼：《领导高度重视：一种科层运作的注意力分配方式》，

《中国行政管理》2019年第4期。

[107] 阙天舒、吕俊延：《智能时代下技术革新与政府治理的范式变革——计算式治理的效度与限度》，《中国行政管理》2021年第2期。

[108] 冉连、张曦、张海霞：《政府数据开放中的公众参与行为：生成机理与促进策略》，《现代情报》2022年第2期。

[109] 任福兵、孙美玲：《基于价值链理论的政府开放数据价值增值过程与机理研究》，《情报资料工作》2021年第4期。

[110] 上官莉娜、潘晨：《制度逻辑视角下省级政府数据开放绩效的影响因素及生成机制——基于20省的模糊集定性比较分析》，《情报杂志》2021年第12期。

[111] 沈亚平：《"大数据"时代政府数据开放制度建设路径研究》，《四川大学学报：哲学社会科学版》2014年第5期。

[112] 宋华琳：《中国政府数据开放法制的发展与建构》，《行政法学研究》2018年第2期。

[113] 宋烁：《政府数据开放宜采取不同于信息公开的立法进路》，《法学》2021年第1期。

[114] 孙彩红：《协同治理视域下政府资源整合与组织能力分析——以新冠肺炎疫情防控为例》，《四川大学学报（哲学社会科学版）》2020年第4期。

[115] 晴青、赵荣：《北京市政府数据开放现状研究》，《情报杂志》2016年第4期。

[116] 尚虎平、刘俊腾：《欠发达地区的政策创新真的促进了"弯道超车"吗？——一个面向贵阳市大数据发展政策的合成控制检验》，《公共管理学报》2021年第4期。

[117] 谭必勇、刘芮:《我国地方政府开放数据政策研究：以15个副省级城市为例》,《情报理论与实践》2018年第11期。

[118] 谭海波、范梓腾、杜运周:《技术管理能力、注意力分配与地方政府网站建设——一项基于TOE框架的组态分析》,《管理世界》2019年第9期。

[119] 谭军:《基于TOE理论架构的开放政府数据阻碍因素分析》,《情报杂志》2016年第8期。

[120] 谭志福:《创新社会治理与新型政社关系中地方政府的多重角色》,《中国行政管理》2016年第3期。

[121] 汤志伟:《资源基础视角下省级政府数据开放绩效生成逻辑及模式》,《情报杂志》2021年第1期。

[122] 汤志伟、郭雨晖、顾金周:《创新扩散视角下政府数据开放平台发展水平研究：基于全国18个地方政府的实证分析》,《图书馆理论与实践》2018年第6期。

[123] 汤志伟、龚泽鹏、郭雨晖:《基于二维分析框架的中美开放政府数据政策比较研究》,《中国行政管理》2017年第7期。

[124] 汤志伟、韩啸:《政府数据开放价值共毁的生成机制：来自过程追踪法的发现》,《北京科技大学学报（社会科学版）》2022年第5期。

[125] 汤志伟、罗意:《资源基础视角下省级政府数据开放绩效生成逻辑及模式》,《情报杂志》2021年第1期。

[126] 汤志伟、王研:《TOE框架下政府数据开放平台利用水平的组态分析》,《情报杂志》2020年第6期。

[127] 唐长乐、张晓娟:《政府开放数据更新评估研究：类型、性能与测度》,《情报资料工作》2019年第1期。

［128］汪锦军：《合作治理的构建：政府与社会良性互动的生成机制》，《政治学研究》2015年第4期。

［129］王本刚、马海群：《开放政府理论分析框架：概念、政策与治理》，《情报资料工作》2015年第6期。

［130］王法硕、王翔：《我国政府数据开放利用的影响因素与实现路径：一项基于扎根理论的质性研究》，《情报杂志》2016年第7期。

［131］王法硕：《我国地方政府数据开放水平的影响因素——基于定性比较分析的研究》，《情报理论与实践》2019年第8期。

［132］王娟、李玉海：《基于演化博弈论的政府开放数据质量控制机制研究》，《现代情报》2019年第1期。

［133］王磊、赵金旭：《结构与技术的互动：我国政府电子治理的演化逻辑——基于政治系统的结构功能理论视角》，《探索》2019年第6期。

［134］王丽琼：《电子政务中跨部门信息共享的模式及保障机制研究》，《科技情报开发与经济》2009年第1期。

［135］王浦劬、杨凤春：《电子治理：电子政务发展的新趋向》，《中国行政管理》2005年第1期。

［136］王绍光：《中国公共政策议程设置的模式》，《中国社会科学》2006年第5期。

［137］王卫、王晶、张梦君：《生态系统视角下开放政府数据价值实现影响因素分析》，《图书馆理论与实践》2020年第1期。

［138］王锡锌：《以信息公开作为治理改革的最佳支点》，《中国法律评论》2015年第2期。

［139］王锡锌：《政府信息公开制度十年：迈向治理导向的公开》，《中国行政管理》2018年第5期。

[140] 王翔、刘冬梅、李斌：《我国公共数据开放的促进与阻碍因素——基于交通运输部“出行云”平台的案例研究》，《电子政务》2018年第9期。

[141] 王学军、韩志青：《从测量到治理：构建公共价值创造的整合分析模型》，《上海行政学院学报》2017年第6期。

[142] 王学军、韦林：《公共价值研究的几个重要问题——评Public Value：Theory and Practice》，《公共行政评论》2018年第6期。

[143] 王学军、张弘：《公共价值的研究路径与前沿问题》，《公共管理学报》2013年第2期。

[144] 王长胜：《2009年中国电子政务发展报告》，《行政管理改革》2009年第1期。

[145] 韦彬：《电子政务碎片化与整体性治理研究》，《理论月刊》2013年第5期。

[146] 卫军朝、蔚海燕：《国外政府数据开放现状、特点及对我国的启示》，《图书馆杂志》2016年第8期。

[147] 魏颖昊、肖扬文、张亚楠：《从法律层面看政府开放数据的新进展》，《办公自动化》2017年第24期。

[148] 文宏、杜菲菲：《注意力、政策动机与政策行为的演进逻辑》，《行政论坛》2018年第2期。

[149] 温祖卿、郑磊：《地方政府开放数据的利用与产出研究》，《电子政务》2019年第9期。

[150] 吴金鹏、韩啸：《开放政府数据何以成功？——生态理论视角的跨国实证研究》，《图书馆论坛》2019年第1期。

[151] 吴金鹏、韩啸：《制度环境、府际竞争与开放政府数据政策扩散研究》，《现代情报》2019年第3期。

[152] 吴玉梅、张卫国、陈利:《“大智移云”下会计人才数商塑造》,《财会月刊》2020年第7期。

[153] 夏义堃:《试论数据开放环境下的政府数据治理:概念框架与主要问题》,《图书情报知识》2018年第1期。

[154] 夏义堃:《试论政府数据治理的内涵、生成背景与主要问题》,《图书情报工作》2018年第9期。

[155] 夏义堃:《政府数据治理的维度解析与路径优化》,《电子政务》2020年第7期。

[156] 夏义堃:《国际比较视野下我国开放政府数据的现状、问题与对策》,《图书情报工作》2016年第7期。

[157] 徐慧娜、郑磊:《向用户利用的开放政府数据平台:纽约与上海比较研究》,《电子政务》2015年第7期。

[158] 徐岩、范娜娜、陈那波:《合法性承载:对运动式治理及其转变的新解释——以A市18年创卫历程为例》,《公共行政评论》2015年第2期。

[159] 薛澜、李宇环:《走向国家治理现代化的政府职能转变:系统思维与改革取向》,《政治学研究》2014年第5期。

[160] 余亚梅、唐贤兴:《组织边界与跨界治理:一个重新理解政策能力的新视角》,《行政论坛》2020年第5期。

[161] 远婧:《基于史密斯模型的上海市开放数据政策执行研究》,《管理观察》2019年第8期。

[162] 袁莉、李姗蔓、赵婧:《政策文本视角下地方政府数据开放动态能力的识别与培育研究》,《情报理论与实践》2022年第4期。

[163] 袁莉、姚乐野:《政府数据开放的整体能力:概念、框架及演

化机制》,《图书情报工作》2021年第19期。
[164] 岳丽欣、刘文云:《国内外政府数据开放现状比较研究》,《图书情报工作》2016年第11期。
[165] 张涵、王忠:《国外政府开放数据的比较研究》,《情报杂志》2015年第8期。
[166] 张涛:《开放政府数据法制化的地方实践与制度完善:以浙江等9个省市为分析样本》,《贵州大学学报(社会科学版)》2019年第5期。
[167] 张廷军、曹慧琴:《地方政府数据开放平台发展模式及影响因素分析》,《电子政务》2019年第4期。
[168] 张新民、项琳、李建丽:《政府信息公开目录与中国政府公开信息整合服务平台的对接思考》,《图书馆建设》2010年第1期。
[169] 张摇明、杜运周:《组织与管理研究中QCA方法的应用:定位、策略和方向》,《管理学报》2019年第9期。
[170] 赵润娣:《我国政府数据开放分类分级研究——基于开放政府数据平台教育类数据的调查》,《现代情报》2021年第4期。
[171] 赵需要:《政府信息公开到政府数据开放的嬗变》,《情报理论与实践》2017年第4期。
[172] 曾祥坤:《新常态视角下贵州工业化发展研究》,《贵州社会科学》2015年第3期。
[173] 郑军:《农民参与创业培训意愿影响因素的实证分析——基于对山东省的调查》,《中国农村观察》2013年第5期。
[174] 郑磊、高丰:《中国开放政府数据平台研究:框架、现状与建议》,《电子政务》2015年第7期。

[175] 郑磊、关文雯:《开放政府数据评估框架，指标与方法研究》，《图书情报工作》2016年第18期。

[176] 郑磊:《开放不等于公开、共享和交易：政府数据开放与相近概念的界定与辨析》，《南京社会科学》2018年第9期。

[177] 郑磊:《开放政府数据的价值创造机理：生态系统的视角》，《电子政务》2015年第7期。

[178] 郑婷婷、付伟、陈静:《信息化发展水平、资源依赖与绿色全要素生产率——来自地级市面板数据的分析》，《科技进步与对策》2019年第23期。

[179] 赵继娣、张罕仑:《地方政府数据开放成效评价研究：以上海市为例》，《电子政务》2017年第9期。

[180] 赵需要、侯晓丽、樊振佳、黄伟群:《政府开放数据生态链的形成机理与培育策略》，《情报理论与实践》2021年第6期。

[181] 赵需要:《政府信息公开到政府数据开放的嬗变》，《情报理论与实践》2017年第4期。

[182] 赵玉攀:《基于三维框架的中国省级政府数据开放政策分析》，《图书馆学研究》2020年第13期。

[183] 周汉华:《打造升级版政务公开制度——论〈政府信息公开条例〉修改的基本定位》，《行政法学研究》2016年第3期。

[184] 周望:《如何“由点到面”?——“试点—推广”的发生机制与过程模式》，《中国行政管理》2016年第10期。

[185] 周文泓、朱令俊:《我国政府数据治理的发展进程研究与展望：基于国家层面的分析》，《图书馆学研究》2020年第16期。

[186] 周文泓:《我国地方政府开放数据政策构建的进展与优化策略研究》，《图书馆学研究》2018年第15期。

[187] 朱玲玲、茆意宏、朱永凤、马坤坤：《政府数据开放准备度关键影响因素识别——以省级地方政府为例》，《图书情报工作》2021年第3期。

[188] 朱晓红：《政务信息共享机制的主要障碍及疏导策略》，《东莞理工学院学报》2008年第6期。

[189] 宗威、吴峰：《大数据时代下数据质量挑战》，《西安交通大学学报（社会科学版）》2013年第5期。

三、学位论文

[1] 何志强：《法治政府绩效评价指标体系研究》，华南理工大学2016年博士学位论文。

[2] 龙健：《政府基础信息资源跨部门共享机制研究》，北京大学2013年博士学位论文。

[3] 唐长乐：《开发利用背景下的政府开放数据价值共创研究》，武汉大学2019年博士学位论文。

[4] 温芳芳：《我国政府数据开放的政策体系构建研究》，武汉大学2019年博士学位论文。

[5] 吴昊：《大数据时代中国政府信息共享机制研究》，吉林大学2017年博士学位论文。

[6] 杨志：《中国政策爆发影响因素及其耦合机制研究》，南京大学2020年博士学位论文。

四、外文著作

[1] Davenport，T.，*Process Innovation*：*Reengineering Work Through*

Information Technology, Boston: Harvard Business School Press, 1993.

[2] Jones, B., *Reconceiving Decision-Making in Democratic Politics: Attention, Choice, and Public Policy*, Chicago: University of Chicago Press, 1994.

[3] Nardi, B.A., Day, V., *Information Ecologies: Using Technology with Heart*, Cambridge: MIT Press, 1999.

[4] Pardo, T.A., Gil, G.R., Burke, G.B., *Information Sharing and Public Health: A Case-based Look at the ICT Expectations-Reality Gap*, Amsterdam: IOS Press, 2009.

[5] Shanto, I., *Is Anyone Responsible? How Television Frame Political Issues*, Chicago: University of Chicago Press, 1991.

五、外文期刊

[1] Alruithe, M., Benkhelifa, E., Hameed, K., "Data Governance Taxonomy: Cloud Versus Noncloud", *Sustainability*, Vol.10, No.1, 2018, pp.20–21.

[2] Altayar, M.S., "Motivations for Open Data Adoption: An Institutional Theory Perspective", *Government Information Quarterly*, Vol.35, No.4, 2018, pp.633–643.

[3] Attard, J., Orlandi, F., Scerri, S.et al. "A Systematic Review of Open Government Data Initiatives", *Government Information Quarterly*, Vol.32, No.4, 2015, pp.60–66.

[4] Amit, R., Schoemaker, P., "Strategic Assets and Organizational Rent", *Strategic Management Journal*, Vol.14, No.3, 1993,

pp.8–14.

[5] Andrews, R, Beynon, M, J., McDermott, A., "Organizational Capability in the Public Sector: A Configurational Approach", *Journal of Public Administration Research and Theory*, Vol.26, No.2, 2016, pp.239–258.

[6] Bhattacherjee, A., "Understanding Information System Continuance: An Expectation–Confirmation Model", *MIS Quarterly*, Vol.25, No.3, 2001, pp.351–370.

[7] Bates, J., "The Strategic Importance of Information Policy for the Contemporary Neoliberal State: the Case of Open Government Data in the United Kingdom", *Government Information Quarterly*, Vol.31, No.3, 2014, pp.388–395.

[8] Barney, J., "Firmresources and Sustained Competitive Advantage", *Journal of Management*, Vol.17, No.1, 2009, pp.3–10.

[9] Brandsen, T.and Pestoff, V., "Coproduction, the Third Sector and the Delivery of Public Services", *Public Management Review*, Vol.8, No.4, 2006, pp.5–7.

[10] Chua, A.Y., Ang, R., "Web 2.0 Applications in Government Web Sites Prevalence, Use and Correlations with Perceived Webshe Quality", *Online Information Review*, Vol.36, No.2, 2012, pp.175–195.

[11] Eisenhardt, K., "Building Theories from Case Study Research" *Academy of Management Review*, Vol.14, No.4, 1989, pp.532–550.

[12] Fan, B., Zhao, Y., "The Moderating Effect of Externalpressure on the Relationship Between Internal Organizational Factors and

the Quality of Open Government Data", *Government Information Quarterly*, Vol.34, No.3, 2017, pp.44–47.

[13] Felipe, G.Z.and Richard, H., "The Multiple Meanings of Open Government Data: Understanding Different Stakeholders and Their Perspectives", *Government Information Quarterly*, Vol.32, No.4, 2015, pp.441–452.

[14] Fagerberg, J., Verspagen, B., "Technology Gaps, Innivation Diffution and Transformation: An Evolutionary Interpretation", *Research Policy*, Vol.31, No.8, 2012.

[15] Foley, P., Alfonso, X., Sakka, M., "Information Sharing for Social Inclusion in England: A Review of Activities, Burries and Future Directions", *Journal of Information, Communication and Ethics in Society*, Vol.4, No.4, 2006, pp.32–33.

[16] Gil, R., Sight, S, D., "Government Interorganizational Information Sharing Initiatives: Understanding the Main Determinants of Success", *Government Information Quarterly*, Vol.2, No.33, 2016, pp.20–24.

[17] Harrison, T.M., Sayogo, D.S., "Transparency, Participation, and Accountability Practices in Open Government: A Comparative Study", *Government Information Quarterly*, Vol.31, No.4, 2014, pp.513–525.

[18] Han, Y., Li, D., "Effects of Intellectual Capital on Innovative Performance", *Management Decision*, Vol.53, No.1, 2015, pp.40–56.

[19] Helan, L., Mcgee, J., Gordon R. "Cooperative Governance:

One Pathway to A Stable State Economy", *Environmental Politics*, Vol.21, No.3, 2012, pp.9–10.

[20] Herring, J., "Cooperative Equilibrium In Biosphere Evolution: Reconciling Competition and Cooperation in Evolutionary Ecology", *Acta Biotheoretica*, Vol.69, No.4, 2021, pp.629–641.

[21] Huijboom, N., "Open Data: An International Comparison of Strategies", *European Journal of E-practice*, Vol.12, No.4, 2011, pp.1–13.

[22] Janssen, M., Charalabidis, Y.and Zuiderwijk, A., "Benefits, Adoption Barriers and Myths of Open Data and Open Government", *Information Systems Management*, Vol.29, No.4, 2012, pp.2–4.

[23] Jun, K.N., Wang, F., Wang, D., "E–Government Use and Perceived Government Transparency and Service Capacity", *Public Performance & Management Review*, Vol.38, No.1, 2014, pp.125–151.

[24] Kassen, M., "A Promising Phenomenon of Open Data: A Case Study of the Chicago Data Project", *Government Information Quarterly*, Vol.30, No.4, 2013, pp.508–513.

[25] Liang, W., "Government Information Sharing: Principles, Practice, and Problems—An International Perspective", *Government Information Quarterly*, Vol.28, No.3, 2011, pp.34–35.

[26] Louren, Ç.R.P., "An Analysis of Open Government Portals: A Perspective of Transparency Foraccountability", *Government Information Quarterly*, Vol.32, No.3, 2015, pp.323–332.

[27] Lgbal, S., "Institutional Dimensions of Open Government Data implementation: Evidence from the Netherlands, Sweden, and the UK", *Public Performance & Management Review*, Vol.42, No.2, 2019, pp.305–328.

[28] Liu, W., "Government Information Sharing: Principles, Practice, and Problems—An International Perspective", *Government Information Quarterly*, Vol.28, No.3, 2011, pp.34–35.

[29] Maria, E., "State Capacity and Local Agent Control in China: CCP Cadre Management from a Township Perspective", *The China Quarterly*, Vol.6, No.173, 2003, pp.35–52.

[30] McBride, K., Olesk, M., Kütt, A., "Systemic Change, Open Data Ecosystem Performance Improvements, and Empirical Insights from Estonia: A Country-Level Action Research Study", *Information Polity*, Vol.25, No.3, 2020, pp.377–402.

[31] Melanie, D., Katleen, J., "Legal and Institutional Challenges for Opening Data Across Public Sectors: Towards Common Policy Solutions", *Journal of Theoretical and Applied Electronic Commerce Research*, Vol.9, No.3, 2014, pp.1–14.

[32] Mergel, I., Desouza, K., "Implementing Open Innovation in the Public Sector: The Case of Challenge. gov", *Public Management Review*, Vol.73, No.6, 2013, pp.882–890.

[33] Ocasio, W., "Towards an Attention-Based View of the Firm", *Strategic Management Journal*, Vol.18, No.1, 1997, pp.18–206.

[34] Pardo, T.A., Gil, J.R.and Burke, G.B., "Governance Structures in Cross-Boundary Information Sharing: Lessons from State and

Local Criminal Justice Initiatives", *Hawaii International Conference on System Sciences*, Vol.3, No.21, 2008, pp.211.

[35] Pardo, T.A., Gil, J.R.and Burke, G.B., "Sustainable Cross-Boundary Information Sharing", *Digital Government.Springer US*, Vol.11, No.1, 2008, pp.230–232.

[36] Pfenninger, S., "Opening the Black Box of Energy Modelling: Strategies and Lessons Learned", *Energy Strategt Reviews*, Vol.36, No.19, 2018, pp.99–101.

[37] Phelan, L., McGee, J., Gordon, R., "Cooperative Governance: One Pathway to A Stable-state Economy", *Environmental Politics*, Vol.21, No.3, 2012, pp.9–19.

[38] Purwanto, A., "Citizen Engagement with Open Government Data Lessons Learned from Indonesia' s Presidential Election", *Transforming Government: People, Process and Policy*, Vol.14, No.1, 2020, pp.1–30.

[39] Rothwell, R., Zegveld, W., "Assessment of Government Innovation Policies", *Review of Polocy Research*, Vol.3, No.3, 1984, pp.436–444.

[40] Sayogo, D.S., Theresa, P., "Exploring the Motive for Data Publication in Open Data Initiative: Linking Intention to Action", *Proceeding of 45th Hawaii International Conference on System Sciences*, Vol.11, No.1, 2012, pp.34–38.

[41] Sadiq, S., Indulska, M., "Open Data: Quality Over Quantity", *International Journal of Information Management*, Vol.37, No.3, 2017, pp.150–154.

[42] Sharon, D., Vidiasova, L., Parkhimovich, O., "Planning and Designing Open Government Data Programs: An Ecosystem Approach", *Government Information Quarterly*, Vol.33, No.1, 2016, pp.15–27.

[43] Sharon, D., "Interorganizational Information Integration: A Key Enabler for Digital Government", *Government Information Quarterly*, Vol.33, No.24, 2007, pp.15–19.

[44] Sharon, D., "Intererancy Information Sharing: Expected Benefits Maneraable Risks", *Journal of Policy Analysis and Manerament*, Vol.10, No.3, 1996, pp.24–34.

[45] Selznik, P., "Foundations of the Theory of Organization", *American Social Review*, Vol.13, No.1, 1948, pp.25–29.

[46] Simon, H.A., "Administrative Behavior: A Study of Decision Making Processes in Administrative Organizations", *Administrative Science Quarterly*, Vol.2, No.2, 1976, pp.244–248.

[47] Stephan, G., Mary, F., "Developing and Testing an Integrative Framework for Open Government Adoption in Local Governments", *Public Administration Review*, Vol.77, No.4, 2017, pp.55–60.

[48] Styrin, E., Luna, L.F., Harrison, T.M., "Open Data Ecosystems: An International Comparison", *Transforming Government: People, Process and Policy*, Vol.11, No.1, 2017, pp.132–156.

[49] Tolbert, C., Mossberger, K., Mcneal, R., "Institutions, Policy Innovation, and E-government in the American States", *Public Administration Review*, Vol.68, No.3, 2010, pp.549–563.

[50] Teichmann, K., "Motivational Drivers of Content Contribution to Company Versus Consumer Hosted Online Communities", *Psychology & Marketing*, Vol.32, No.3, 2015, pp.341-355.

[51] Tuya, D., Cook, M., "Information Requirements to Create Public Value: Sharing and Opening Data to Address Urban Blight", *Transforming Government: People, Process and Policy*, Vol.11, No.1, 2017, pp.210-214.

[52] Wernerfelt, B., "A Resource-Based View of the Firm", *Strategic Management Journal*, Vol.5, No.2, 1984, pp.23-27.

[53] Welle, D.F., Bastiaan, V.L., "How to Assess the Success of the Open Data Ecosystem?", *International Journal of Digital Earth*, Vol.10, No.3, 2017, pp.284-306.

[54] Yang, T, M., Lo, J., Shang, J., "To Open or Not to Open?Determinants of Open Government Data", *Journal of Information Science*, Vol.41, No.5, 2015, pp.596-612.

[55] Zeleti, F.A., Ojo, A., "Open Data Value Capability Architecture", *Information Systems Frontiers*, Vol.19, No.2, 2017, pp.337-360.

[56] Zhao, Y., Fan, B., "Exploring Open Government Data Capacity of Government Agency: Based on the Resource Based Theory", *Government Information Quarterly*, Vol.35, No.1, 2018, pp.1-12.

[57] Zuiderwijk, A., Janssen, M., "Open Data Policies, Their Implementation and Impact: A Framework for Comparison", *Government Information Quarterly*, Vol.24, No.1, 2014, pp.3-9.